Mästerlig Sous Vide
Smakfulla Måltider på Nolltid

Sofia Andersson

Antydan

kycklingbuljong 10
Pomodoro löksås 11
Paprikapuré 12
Jalapeno krydda 13
Köttsoppa 15
Vitlök och basilika rub 17
Honung och lök balsamicosås 18
Tomatsås 19
Skaldjursbuljong 20
fisksoppa 21
Sparrisvinägrett 22
Grönsakssoppa 24
Vitlök Tabasco Edamame ost 26
Örtad snöärtspuré 27
Salvia stekt potatismos 28
Sparris med timjan och ostsmör 30
Läcker honungsglaserad palsternacka 31
Tomatgrädde och ostmacka 32
Lönnbetssallad med cashewnötter och Queso Fresco 34
Blomkålspeppar 36
Höst pumpasoppa 38
Potatis-selleri-purjolökssoppa 40
Grön sallad med citron och tranbär 42
Citrusmajs med tomatsås 43

Brysselkål Tamari ingefära med sesam ... 45
Rödbets- och spenatsallad ... 47
Grön vitlök med mynta ... 49
Brysselkål i vitt vin ... 51
Rödbets- och getostsallad ... 52
Blomkål och Broccolisoppa ... 54
Mintsmör ärtor ... 56
Brysselkål i söt sirap ... 57
Rädisa med örtost ... 59
Balsamikkålsgryta ... 60
Stekta tomater ... 61
Ratatouille ... 62
Tomatsoppa ... 64
Ångade rödbetor ... 66
aubergine lasagne ... 67
Svampsoppa ... 69
Vegetarisk parmesanrisotto ... 71
Grön soppa ... 72
Blandad grönsakssoppa ... 74
Vegetarisk wonton med rökt paprika ... 76
Quinoa och selleri miso ... 78
Rädisa och basilikasallad ... 80
Pepparmix ... 81
Koriander Gurkmeja Quinoa ... 82
Vita bönor med oregano ... 83
Potatis- och dadelsallad ... 84
Paprika ... 86

En blandning av druvgrönsaker 87
Myntarätt med kikärter och svamp 88
Grönsakscaponata 90
Mangold och limegryta 91
Rotfruktspuré 92
Kål och paprika i tomatsås 93
Ett fat med linser och tomater 94
Rispilaff med paprika och russin 95
Kumminyoghurtsoppa 96
Smörad sommarsquash 98
Currychutney med nektariner 99
Rosmarin brun potatissylt 101
Currypäron och kokosgrädde 102
Mjuk broccolipasta 103
Läckra dadlar och mango chutney 104
Mandarin och gröna bönsallad med valnötter 106
Ärtkräm med muskotnöt 107
Enkel broccolipuré 108
Röd paprika och broccolisoppa 109
Miso chili majs med sesam och honung 111
Krämig ärtgnocchi 113
Äppelsallad med honung och ruccola 114
Krabbkött med limesmörsås 116
En snabb lax från norra sidan 117
Läcker öring med senap och tamarisås 118
Tonfisk med sesam och ingefärssås 119
Himmelska citron vitlök krabba rullar 121

Kryddig stekt bläckfisk med citronsås 123
Kreolska räkspett 125
Räkor med kryddig sås 127
Havsblad med schalottenlök och dragon 128
Citronört torksmör 130
Doft av Nantais smör 132
Tonfiskflingor 134
Smörade pilgrimsmusslor 135
Mynta sardiner 136
Havsruda i vitt vin 137
Lax- och kålsallad med avokado 138
Ingefära lax 140
Musslor med färsk limejuice 141
Örtmarinerade tonfiskbiffar 142
Krabbköttsbiffar 144
Pepparn smälter 146
Marinerade havskattfiléer 148
Persilja räkor med citron 150
Vakuumförpackad hälleflundra 151
Citronsmör salt 153
Basilikagryta 154
Enkel tilapia 155
Lax Med Sparris 156
Makrill curry 157
Bläckfisk med rosmarin 158
Citronstekta räkor 159
Grillad bläckfisk 160

Vilda laxbiffar 162
Tilapia gryta 163
Smörmusslor med pepparbollar 165
Koriander öring 167
Bläckfiskringar 168
Chilisallad med räkor och avokado 169
Smörröd smördeg med citrussaffranssås 171
Torskfilé belagd med sesam 173
Krämig lax med spenat och senapssås 174
Pepprade musslor med färsk sallad 176
Läckra mangomusslor 178
Purjolök och räkor med senapsvinägrett 180
Kokossoppa med räkor 182
Honungslax med soba nudlar 184
Läcker hummer med majonnäs 186
Räkfestcocktail 188
Örtad citronlax 190
Hummerstjärtar med saltat smör 191
Thailändsk lax med blomkål och äggnudlar 192
Lätt dillhavsabborre 194
Stekta räkor med paprika 195
Fruktig thailändsk räka 197
Citronräkor i Dublin-stil 199
Saftiga musslor i vitlök-chilisås 201
Räkcurry med nudlar 203
Läcker krämig marmorerad torsk 204
Kruka med laxrilletter 206

Salvialax med kokospotatismos 207
Bläckfisk skål med dill 209
Salt lax med hollandaisesås 210
Läcker citron basilika lax 212

kycklingbuljong

Beredningstid + tillagningstid: 12 timmar 25 minuter | Måltider: 3

Ingredienser:

2 pund kyckling, valfri del - lår, bröst
5 glas vatten
2 stjälkar selleri, hackade
2 vitlökar, hackade

instruktion:

Gör ett vattenbad, lägg Sous Vide i det och ställ in det på 194 F. Dela alla ingredienser i 2 sous vide-påsar genom att vika toppen av påsen 2-3 gånger. Lägg i ett vattenbad. Ställ in timern på 12 timmar.

När timern stannar, ta bort påsarna och överför ingredienserna till grytan. Koka ingredienserna på hög värme i 10 minuter. Stäng av värmen och filtrera. Använd buljongen som soppbas.

Pomodoro löksås

Beredningstid + tillagningstid: 30 minuter | Måltider: 4

Ingredienser

4 dl tomater, halverade och kärnade
½ lök, hackad
½ tesked socker
¼ kopp färsk oregano
2 vitlöksklyftor, hackade
Salt och svartpeppar efter smak
5 matskedar olivolja

instruktion:

Förbered en bain-marie och ställ i vakuum. Ställ in på 175 F. Placera tomater, oregano, vitlök, lök och socker i en vakuumförslutbar påse. Släpp ut luften genom att tränga undan vattnet, förslut och doppa påsen i ett vattenbad. Koka i 15 minuter.

När timern stannar, ta bort påsen och överför innehållet till en mixer och mixa i 1 minut tills det är slätt. Strö toppen med svartpeppar.

Paprikapuré

Beredningstid + tillagningstid: 40 minuter | Måltider: 4

Ingredienser:

8 röda paprikor utan frön
⅓ kopp olivolja
2 matskedar citronsaft
3 vitlöksklyftor, krossade
2 teskedar söt paprika

instruktion:

Gör ett vattenbad och placera Sous Vide i den och ställ in den på 183 F. Lägg paprikan, vitlöken och olivoljan i en vakuumförslutbar påse. Släpp ut luften genom att tränga undan vattnet, försegla och sänk ned påsarna i ett vattenbad. Ställ in timern på 20 minuter och laga mat.

När timern stannar, ta bort påsen och öppna den. Överför paprika och vitlök till en mixer och mixa tills det är slätt. Placera pannan på medelhög värme; tillsätt purén och resten av ingredienserna. Koka i 3 minuter. Servera varm eller kall som dipp.

Jalapeno krydda

Beredningstid + tillagningstid: 70 minuter | Måltider: 6

Ingredienser:

2 jalapeñopeppar
2 gröna chilipeppar
2 vitlöksklyftor, krossade
1 lök, endast skalad
3 teskedar oreganopulver
3 tsk svartpepparpulver
2 teskedar rosmarinpulver
10 teskedar anispulver

Instruktion

Gör ett vattenbad, placera Sous Vide i den och ställ in den på 185 F. Lägg paprikan och löken i en vakuumförseglad påse. Släpp ut luften genom att tränga undan vattnet, förslut och doppa påsen i ett vattenbad. Ställ in timern på 40 minuter.

När timern stannar, ta bort och öppna påsen. Överför paprika och lök till en mixer med 2 msk vatten och mixa tills det är slätt.

Sätt pannan på låg värme, tillsätt paprikapastan och resten av ingredienserna. Koka i 15 minuter. Stäng av värmen och låt svalna. Förvara i ett kryddställ, kyl och använd inom 7 dagar. Använd den som krydda.

Köttsoppa

Beredningstid + tillagningstid: 13 timmar 25 minuter | Måltider: 6

Ingredienser:

3 pund nötköttsben
1 ½ pund nötköttsben
½ pund köttfärs
5 koppar tomatpuré
6 söta lökar
3 vitlökhuvuden
6 matskedar svartpeppar
5 kvistar timjan
4 lagerblad
10 glas vatten

instruktion:

Värm ugnen till 425 F. Lägg nötköttsbenen och nötköttsbenen i en ugnsform och pensla med tomatpuré. Tillsätt vitlöken och löken. Lägg åtsidan. Lägg färsen i en annan panna och smula ner den. Sätt in plåtarna i ugnen och grädda tills de är mörkbruna.

Efter tillagning, häll av fettet från pannan. I en stor skål, gör en bain-marie, vakuumförslut och ställ in på 195 F. Separera nötfärsen, rostade grönsaker, svartpeppar, timjan och lagerblad i 3 vakuumpåsar. Häll vattnet från burkarna och tillsätt det i påsarna. Vik toppen av påsarna 2 till 3 gånger.

Lägg påsarna i ett vattenbad och fäst dem på Sous Vide-fatet. Ställ in timern på 13:00. När timern stannar, ta bort påsarna och överför ingredienserna till grytan. Koka upp ingredienserna på hög värme. Koka i 15 minuter. Stäng av värmen och filtrera. Använd buljongen som soppbas.

Vitlök och basilika rub

Beredningstid + tillagningstid: 55 minuter | Måltider: 15

Ingredienser:

2 huvuden pressad vitlök
2 matskedar olivolja
Nypa salt
1 fänkålshuvud, hackat
2 citroner, skalade och pressade
¼ socker
25 basilikablad

instruktion:

Gör ett vattenbad, placera Sous Vide i den och ställ in den på 185 F. Lägg fänkålen och sockret i en vakuumförseglad påse. Släpp ut luften genom att tränga undan vattnet, förslut och doppa påsen i ett vattenbad. Ställ in timern på 40 minuter. När timern stannar, ta bort och öppna påsen.

Överför fänkålen, sockret och övriga listade ingredienser till en mixer och puré. Förvara i kryddburk och kyl upp till en vecka.

Honung och lök balsamicosås

Förberedelsetid + tillagningstid: 1h55 | Portioner: 1)

Ingredienser

3 söta lökar, hackade

1 matsked smör

Salt och svartpeppar efter smak

2 matskedar balsamvinäger

1 matsked honung

2 tsk färska timjanblad

Instruktion

Förbered en bain-marie och ställ i vakuum. Ställ in på 186F.

Hetta upp en panna med smör på medelvärme. Tillsätt löken, salt och peppar och koka i 10 minuter. Tillsätt balsamvinägern och koka i 1 minut. Ta av från värmen och häll i honungen.

Lägg blandningen i en vakuumförseglad påse. Släpp ut luften genom att tränga undan vattnet, förslut och doppa påsen i ett vattenbad. Koka i 90 minuter. När timern stannar, ta bort påsen och överför den till en tallrik. Garnera med färsk timjan. Servera med pizza eller smörgås.

Tomatsås

Beredningstid + tillagningstid: 55 minuter | Måltider: 4

Ingredienser:

1 (16 ounce) burk tomater, krossade
1 liten vit lök, tärnad
1 dl färska basilikablad
1 matsked olivolja
1 vitlöksklyfta, krossad
Salt att smaka
1 lagerblad
1 röd paprika

instruktion:

Gör ett vattenbad, lägg Sous Vide i det och ställ in det på 185 F. Lägg alla ingredienser som anges i en vakuumförseglad påse. Släpp ut luften genom att tränga undan vattnet, förslut och doppa påsen i ett vattenbad. Ställ in timern på 40 minuter. När timern stannar, ta bort och öppna påsen. Kasta lagerbladet och överför de återstående ingredienserna till en mixer och mixa tills det är slätt. Servera som tillbehör till huvudrätten.

Skaldjursbuljong

Beredningstid + tillagningstid: 10 timmar 10 minuter | Måltider: 6

Ingredienser:

1 pund räkskal med huvud och svans
3 glas vatten
1 matsked olivolja
2 teskedar salt
2 kvistar rosmarin
½ vitlökshuvud, krossad
½ dl bladselleri, hackad

instruktion:

Gör en bain-marie, lägg Sous Vide i den och ställ in den på 180 F. Häll olivolja över räkorna. Lägg räkorna med resten av de listade ingredienserna i en vakuumförseglad påse. Släpp ut luften, förslut och doppa påsen i ett vattenbad och ställ in timern på 10 timmar.

fisksoppa

Beredningstid + tillagningstid: 10 timmar 15 minuter | Måltider: 4

Ingredienser:

5 glas vatten
½ pund fiskfilé med skinn
1 pund fiskhuvud
5 medelstora salladslökar
3 söta lökar
¼ pund svart tång (Kombu)

instruktion:

Gör ett vattenbad, lägg Sous Vide i den och ställ in den på 194 F. Dela alla ovanstående ingredienser jämnt i 2 sous vide-påsar, vik toppen av påsen 2 gånger. Lägg dem i ett vattenbad och fäst dem i en Sous Vide-behållare. Ställ in timern på 10 timmar.

När timern stannar, ta bort påsarna och överför ingredienserna till grytan. Koka ingredienserna på hög värme i 5 minuter. Stäng av värmen och filtrera. Förvaras i kylen och använd inom 14 dagar.

Sparrisvinägrett

Beredningstid + tillagningstid: 30 minuter | Måltider: 2

Ingredienser

1 knippe stor sparris
Salt och svartpeppar efter smak
¼ kopp olivolja
1 tsk dijonsenap
1 tsk dill
1 tsk rödvinsvinäger
1 hårdkokt ägg, hackat
Färsk persilja, hackad

Instruktion

Förbered en bain-marie och ställ i vakuum. Ställ in på 186F.

Skär bottnarna av sparrisen och släng.

Skala botten av stjälken och lägg den i en vakuumförseglad påse. Släpp ut luften genom att tränga undan vattnet, förslut och doppa påsen i ett vattenbad. Koka i 15 minuter.

När timern stannar, ta bort påsen och överför den till isbadet. Separera matlagningsjuicerna. Kombinera olivolja, vinäger och senap i en skål för salladsdressing; Blanda väl. Smaka av med salt och lägg över i en burk. Förslut och skaka tills det är väl blandat. Strö över persilja, ägg och vinägrett.

Grönsakssoppa

Beredningstid + tillagningstid: 12 timmar 35 minuter | Portioner: 10)

Ingredienser:

1 ½ dl tärnad selleri
1 ½ dl hackad purjolök
½ kopp hackad fänkål
4 vitlöksklyftor, krossade
1 matsked olivolja
6 glas vatten
1 ½ dl svamp
½ dl hackad persilja
1 msk svartpepparkorn
1 lagerblad

instruktion:

Gör en bain-marie, lägg den i vakuum och ställ in den på 180 F. Värm ugnen till 450 F. Lägg purjolök, selleri, fänkål, vitlök och olivolja i en skål. Kasta iväg dem. Lägg dem i en ugnsform och sätt in dem i ugnen. Grädda i 20 minuter.

Bakade grönsaker med juice, vatten, persilja, pepparbollar, svamp och lagerblad i en vakuumpåse. Släpp ut luften, förslut och doppa påsen i ett vattenbad och ställ in timern på 12 timmar. Täck vattenbadskålen med plastfolie för att begränsa avdunstning och fortsätt att tillsätta vatten till badet för att hålla grönsakerna täckta.

När timern stannar, ta bort och öppna påsen. Filtrera ingredienserna. Kyl och använd fryst i upp till 1 månad.

När timern stannar, ta bort och öppna påsen. Filtrera ingredienserna. Kyl och använd fryst i upp till 2 veckor.

Vitlök Tabasco Edamame ost

Förberedelsetid + tillagningstid: 1h06 | Måltider: 4

Ingredienser

1 matsked olivolja
4 koppar färska edamame-skidor
1 tesked salt
1 vitlöksklyfta, hackad
1 msk röd paprikaflingor
1 matsked tabasco

Instruktion

Förbered en bain-marie och ställ i vakuum. Ställ in på 186F.

Värm en kastrull med vatten på hög värme och blanchera edamamegrytorna i 60 sekunder. Filtrera och överför till ett isvattenbad. Blanda vitlök, rödpepparflingor, Tabascosås och olivolja.

Lägg edamamen i en vakuumpåse. Ringla över Tabascosås. Släpp ut luften genom att tränga undan vattnet, förslut och doppa påsen i ett vattenbad. Koka i 1 timme. När timern stannar, ta bort påsen, överför till en skål och servera.

Örtad snöärtspuré

Beredningstid + tillagningstid: 55 minuter | Måltider: 6

Ingredienser

½ dl grönsaksbuljong

1 pund färska snöärtor

Skalet av 1 citron

2 msk hackad färsk basilika

1 matsked olivolja

Salt och svartpeppar efter smak

2 msk hackad färsk gräslök

2 msk hackad färsk persilja

¾ tesked vitlökspulver

Instruktion

Förbered en bain-marie och ställ i vakuum. Ställ in på 186F.

Kombinera ärtor, citronskal, basilika, olivolja, svartpeppar, gräslök, persilja, salt och vitlökspulver och lägg i en återförslutbar påse. Släpp ut luften genom att tränga undan vattnet, förslut och doppa påsen i ett vattenbad. Koka i 45 minuter. När timern stannar, ta bort påsen och överför den till en mixer och blanda väl.

Salvia stekt potatismos

Förberedelsetid + tillagningstid: 1h35 | Måltider: 6

Ingredienser

¼ kopp smör

12 sötpotatisar, oskalade

10 vitlöksklyftor, hackade

4 teskedar salt

6 matskedar olivolja

5 kvistar färsk salvia

1 tsk paprika

Instruktion

Förbered en bain-marie och ställ i vakuum. Ställ in på 192F.

Blanda potatis, vitlök, salt, olivolja och 2 eller 3 kvistar vårtimjan och lägg i en vakuumpåse. Släpp ut luften genom att tränga undan vattnet, förslut och doppa påsen i ett vattenbad. Koka i 1 timme och 15 minuter.

Värm ugnen till 450 F. När klockan stannar, ta bort potatisen och överför dem till en skål. Separera matlagningsjuicerna.

Blanda potatisen väl med smöret och resten av salvian. Överför till en folieklädd plåt. Gör en grop i mitten av potatisen och häll i matlagningsjuicerna. Koka potatisen i 10 minuter och vänd den sedan efter 5 minuter. Avvisa salvia. Lägg över på en tallrik och servera beströdd med paprika.

Sparris med timjan och ostsmör

Beredningstid + tillagningstid: 21 minuter | Måltider: 6

Ingredienser

¼ kopp riven Pecorino Romano ost
16 uns färsk sparris, skivad
4 matskedar smör, tärnat
Salt att smaka
1 vitlöksklyfta, hackad
1 matsked timjan

Instruktion

Förbered en bain-marie och ställ i vakuum. Ställ in på 186F.

Lägg sparrisen i en vakuumförseglad påse. Tillsätt smörtärningarna, vitlöken, saltet och timjan. Släpp ut luften genom att tränga undan vattnet, förslut och doppa påsen i ett vattenbad. Koka i 14 minuter.

När timern stannar, ta bort påsen och överför sparrisen till en tallrik. Strö över lite matlagningsjuice. Toppa med Pecorino Romano ost.

Läcker honungsglaserad palsternacka

Beredningstid + tillagningstid: 1 timme 8 minuter | Måltider: 4

Ingredienser

1 pund palsternacka, skalad och hackad
3 matskedar smör
2 matskedar honung
1 tsk olivolja
Salt och svartpeppar efter smak
1 msk hackad färsk persilja

Instruktion

Förbered en bain-marie och ställ i vakuum. Ställ in på 186F.

Lägg palsternacka, smör, honung, olivolja, salt och peppar i en lufttät påse. Släpp ut luften genom att tränga undan vattnet, förslut och doppa påsen i ett vattenbad. Koka i 1 timme.

Värm pannan på medelvärme. När timern stannar, ta bort påsen och överför innehållet till kastrullen och koka i 2 minuter tills vätskan blir glasig. Tillsätt persiljan och blanda snabbt. tjäna.

Tomatgrädde och ostmacka

Beredningstid + tillagningstid: 55 minuter | Mat: 8)

Ingredienser

½ kopp färskost

2 kilo tomater skurna i skivor

Salt och svartpeppar efter smak

2 matskedar olivolja

2 vitlöksklyftor, hackade

½ tesked hackad färsk salvia

⅛ tesked röd paprika

½ tesked vitvinsvinäger

2 matskedar smör

4 skivor bröd

2 skivor halloumi ost

Instruktion

Förbered en bain-marie och ställ i vakuum. Ställ in på 186 F. Placera tomaterna i ett durkslag över en skål och smaka av med salt. Blanda väl. Låt svalna i 30 minuter. Filtrera juicerna. Blanda olivolja, vitlök, salvia, svartpeppar, salt och chiliflakes.

Lägg i en vakuumförseglad påse. Släpp ut luften genom att tränga undan vattnet, förslut och doppa påsen i ett vattenbad. Koka i 40 minuter.

När timern stannar, ta bort påsen och överför den till mixern. Tillsätt vinäger och gräddfil. Mixa tills det är slätt. Lägg över på en tallrik och smaka av med salt och peppar om det behövs.

För att förbereda oststavarna: Värm pannan på medelhög värme. Smöra brödskivorna och lägg dem på plåten. Lägg ostskivorna på brödet och lägg dem på det andra smörade brödet. Stek i 1-2 minuter. Upprepa med resterande bröd. Skär i tärningar. Servera över varm soppa.

Lönnbetssallad med cashewnötter och Queso Fresco

Förberedelsetid + tillagningstid: 1h35 | Mat: 8)

Ingredienser

6 stora rödbetor, skalade och skurna i bitar

Salt och svartpeppar efter smak

3 matskedar lönnsirap

2 matskedar smör

Skalet av 1 stor apelsin

1 matsked olivolja

½ tsk cayennepeppar

1½ kopp cashewnötter

6 koppar ruccola

3 mandariner, skalade och skurna i bitar

1 kopp queso fresco, krossad

Instruktion

Förbered en bain-marie och ställ i vakuum. Ställ in på 186F.

Lägg betbitarna i en vakuumpåse. Krydda med salt och peppar. Tillsätt 2 matskedar lönnsirap, smör och apelsinskal. Släpp ut luften genom att tränga undan vattnet, förslut och doppa påsen i ett vattenbad. Koka i 1 timme och 15 minuter.

Värm ugnen till 350F.

Rör ner resterande lönnsirap, olivolja, salt och cayennepeppar. Tillsätt cashewnötterna och blanda väl. Lägg cashewnötsblandningen i en ugnsform som vi tidigare har strö över vaxad paprika och grädda i 10 minuter. Ställ åt sidan och låt svalna.

När timern stannar, ta bort rödbetorna och rinna av kokjuicerna. Lägg ruccolan på ett serveringsfat, garnera med skivor av rödbeta och mandarin. För att servera, strö över queso fresco och cashewblandning.

Blomkålspeppar

Förberedelse + tillagningstid: 52 minuter | Måltider: 5

Ingredienser

½ kopp riven provoloneost
1 blomkålshuvud, skurna blommor
2 vitlöksklyftor, hackade
Salt och svartpeppar efter smak
2 matskedar smör
1 matsked olivolja
½ stor röd paprika, skuren i strimlor
½ stor gul paprika, skuren i strimlor
½ stor apelsin paprika skuren i strimlor

Instruktion

Förbered en bain-marie och ställ i vakuum. Ställ in på 186F.

Blanda blomkålsbuketter, 1 vitlöksklyfta, salt, peppar, hälften av smöret och hälften av olivoljan väl.

I en annan skål, kombinera paprikan, återstående vitlök, återstående salt, peppar, återstående smör och återstående olivolja.

Lägg blomkålen i en vakuumförsluten påse. Lägg paprikorna i en annan vakuumförseglad påse. Släpp ut luften genom att tränga undan vattnet, försegla och sänk ned påsarna i ett vattenbad. Koka i 40 minuter.

När timern stannar, ta bort påsarna och överför innehållet till en skål. Häll av matlagningsjuicerna. Blanda grönsaker och strö över Provolone ost.

Höst pumpasoppa

Förberedelsetid + tillagningstid: 2h20 | Måltider: 6

Ingredienser

¾ kopp tjock grädde

1 vinterpumpa, hackad

1 stort päron

½ gul lök, tärnad

3 kvistar färsk timjan

1 vitlöksklyfta, hackad

1 tsk malen spiskummin

Salt och svartpeppar efter smak

4 matskedar crème fraîche

Instruktion

Förbered en bain-marie och ställ i vakuum. Ställ in på 186F.

Blanda pumpa, päron, lök, timjan, vitlök, spiskummin och salt. Lägg i en vakuumförseglad påse. Släpp ut luften genom att flytta vattnet, förslut och doppa i ett vattenbad. Koka i 2 timmar.

När timern stannar, ta bort påsen och överför hela innehållet till mixern. Reducera till en slät puré. Tillsätt gräddfil och blanda väl.

Krydda med salt och peppar. Häll blandningen i skålar och strö över lite crème fraîche. Garnera med päronbitar.

Potatis-selleri-purjolökssoppa

Förberedelsetid + matlagning: 2h15 | Mat: 8)

Ingredienser

8 matskedar smör

4 röda potatisar, skivade

1 gul lök, skuren i ¼ tums bitar

1 stjälk selleri, skuren i ½ tums bitar

4 koppar hackad ½ tum purjolök, bara vita delar

1 kopp grönsaksbuljong

1 morot, hackad

4 vitlöksklyftor, hackade

2 lagerblad

Salt och svartpeppar efter smak

2 koppar tung grädde

¼ kopp hackad färsk gräslök

Instruktion

Förbered en bain-marie och ställ i vakuum. Ställ in på 186F.

Lägg potatis, morötter, lök, selleri, purjolök, grönsaksfond, smör, vitlök och lagerblad i en vakuumförsluten påse. Släpp ut luften genom att tränga undan vattnet, förslut och doppa påsen i ett vattenbad. Koka i 2 timmar.

När timern stannar, ta bort påsen och överför den till mixern. Kasta lagerbladen. Blanda innehållet och smaka av med salt och peppar.

Tillsätt långsamt grädden och blanda i 2-3 minuter tills den är slät.

Sila av innehållet och garnera med gräslök innan servering.

Grön sallad med citron och tranbär

Beredningstid + tillagningstid: 15 minuter | Måltider: 6

Ingredienser

6 dl färsk grönkål med stjälkar
6 matskedar olivolja
2 vitlöksklyftor, krossade
4 matskedar citronsaft
½ tesked salt
¾ kopp torkade tranbär

Instruktion

Förbered en bain-marie och ställ i vakuum. Ställ in på 196 F. Kasta grönsakerna med 2 matskedar olivolja. Lägg den i en vakuumförseglad påse. Släpp ut luften genom att tränga undan vattnet, förslut och doppa påsen i ett vattenbad. Koka i 8 minuter.

Rör ner resterande olivolja, vitlök, citronsaft och salt. När timern stannar, ta bort grönsakerna och överför dem till ett serveringsfat. Ringla över vinägrett. Garnera med tranbär.

Citrusmajs med tomatsås

Beredningstid + tillagningstid: 55 minuter | Mat: 8)

Ingredienser

⅓ kopp olivolja

4 ax av gul majs, skal

Salt och svartpeppar efter smak

1 stor tomat, skivad

3 matskedar citronsaft

2 vitlöksklyftor, hackade

1 serranopeppar, utan kärnor

4 lökar, bara gröna delar, skivade

½ knippe färska korianderblad, hackade

Instruktion

Förbered en bain-marie och ställ i vakuum. Ställ in på 186 F. Kasta majs med olivolja och smaka av med salt och peppar. Lägg dem i en vakuumpåse. Släpp ut luften genom att tränga undan vattnet, förslut och doppa påsen i ett vattenbad. Koka i 45 minuter.

Blanda under tiden ihop tomater, citronsaft, vitlök, serranopeppar, vårlök, koriander och den återstående olivoljan i en skål. Värm grillen till hög.

När timern stannar, ta bort majsen och överför den till grillen och grilla i 2-3 minuter. Vi låter det svalna. Skär kärnorna från kolven och häll över tomatsåsen. Serveras med fisk, sallad eller tortillachips.

Brysselkål Tamari ingefära med sesam

Förberedelse + tillagningstid: 43 minuter | Måltider: 6

Ingredienser

1½ pund brysselkål, halverad
2 vitlöksklyftor, hackade
2 matskedar vegetabilisk olja
1 msk tamarisås
1 tsk riven ingefära
¼ tesked röd paprika
¼ tesked rostad sesamolja
1 matsked sesamfrön

Instruktion

Förbered en bain-marie och ställ i vakuum. Ställ in på 186 F. Värm pannan över medelhög värme och kombinera vitlök, vegetabilisk olja, tamarisås, ingefära och röd paprika. Koka i 4-5 minuter. Lägg åtsidan.

Lägg brysselkålen i en vakuumpåse och täck med tamariblandningen. Släpp ut luften genom att tränga undan vattnet, förslut och doppa påsen i ett vattenbad. Koka i 30 minuter.

När timern stannar, ta bort påsen och torka den med en kökshandduk. Spara matlagningsjuicerna. Lägg över groddarna i en skål och blanda med sesamoljan. Skär groddarna i tallrikar och strö dem med matlagningsjuicerna. Garnera med sesamfrön.

Rödbets- och spenatsallad

Förberedelsetid + tillagningstid: 2h25 | Måltider: 3

Ingredienser:

1 ¼ kopp rödbetor, putsade och skurna i små bitar
1 dl hackad färsk spenat
2 matskedar olivolja
1 msk citronsaft, färskpressad
1 tsk balsamvinäger
2 vitlöksklyftor, krossade
1 matsked smör
Salt och svartpeppar efter smak

instruktion:

Tvätta och rensa rödbetorna väl. Skär i små bitar och lägg i en vakuumpåse med smör och pressad vitlök. Koka sous vide i 2 timmar vid 185 F. Låt svalna.

Koka upp vatten i en stor kastrull och tillsätt spenaten. Koka i en minut och ta sedan bort från värmen. Dränera väl. Överför till en vakuumförseglad påse och koka sous vide i 10 minuter vid 180 F. Ta bort från vattenbadet och låt svalna helt. Lägg i en stor skål och tillsätt de kokta rödbetorna. Smaka av med salt, peppar, vinäger, olivolja och citronsaft. Servera omedelbart.

Grön vitlök med mynta

Beredningstid + tillagningstid: 30 minuter | Måltider: 2

Ingredienser:

½ dl nyplockad cikoria
½ kopp vild sparris, finhackad
½ dl riven mangold
¼ kopp färsk mynta, hackad
¼ kopp riven ruccola
2 vitlöksklyftor, hackade
½ tesked salt
4 msk citronsaft, färskpressad
2 matskedar olivolja

instruktion:

Fyll en stor gryta med saltat vatten och tillsätt grönsakerna. Koka i 3 minuter. Ta bort och dränera. Krama försiktigt med händerna och hacka kålen med en vass kniv. Överför till en stor vakuumförseglad påse och koka sous vide i 10 minuter vid 162 F. Ta bort från vattenbadet och ställ åt sidan.

Hetta upp olivoljan i en stor stekpanna på medelvärme. Tillsätt vitlök och koka under konstant omrörning i 1 minut. Rör ner kålen och smaka av med salt. Strö över färsk citronsaft och servera.

Brysselkål i vitt vin

Beredningstid + tillagningstid: 35 minuter | Måltider: 4

Ingredienser:

1 pund brysselkål, riven
½ kopp extra virgin olivolja
½ kopp vitt vin
Salt och svartpeppar efter smak
2 msk färsk persilja, finhackad
2 vitlöksklyftor, krossade

instruktion:

Lägg brysselkålen i en stor vakuumförseglad påse med tre matskedar olivolja. Koka sous vide i 15 minuter vid 180 F. Ta ur påsen.

Hetta upp den återstående olivoljan i en stor stekpanna med nonstick. Tillsätt brysselkålen, pressad vitlök, salt och peppar. Grilla kort och skaka pannan några gånger så att den blir lätt brynt på alla sidor. Häll i vinet och låt koka upp. Blanda väl och ta bort från värmen. Strö över finhackad persilja och servera.

Rödbets- och getostsallad

Förberedelsetid + tillagningstid: 2h20 | Måltider: 3

Ingredienser:

1 pund rödbetor, skurna i fjärdedelar
½ kopp blancherad mandel
2 matskedar skalade hasselnötter
2 matskedar olivolja
1 vitlöksklyfta, finhackad
1 tesked spiskumminpulver
1 tsk citronskal
Salt att smaka
½ kopp getost, smulad
Färska myntablad för dekoration

Bandage:
2 matskedar olivolja
1 matsked äppelcidervinäger

instruktion:

Gör ett vattenbad, lägg Sous Vide i det och ställ in det på 183F.

Lägg rödbetan i en vakuumförseglad påse. Släpp ut luften genom att flytta vattnet, förslut och doppa påsen i vattenbadet och ställ in timern på 2 timmar. När timern stannar, ta bort och öppna påsen. Ställ rödbetan åt sidan.

Sätt pannan på medelhög värme, tillsätt mandeln och hasselnötterna och rosta i 3 minuter. Överför till en skärbräda och skiva. Tillsätt olja, vitlök och spiskummin i samma kastrull. Koka 30 sekunder. Stäng av värmen. Tillsätt getosten, mandelblandningen, citronskalet och vitlöksblandningen i skålen. blanda. Blanda olivoljan och vinägern och ställ åt sidan. Servera som tillbehör till huvudrätten.

Blomkål och Broccolisoppa

Beredningstid + tillagningstid: 70 minuter | Måltider: 2

Ingredienser:

1 medelstor blomkål, delad i små buketter
½ pund broccoli, skuren i små buketter
1 grön paprika, hackad
1 lök, tärnad
1 tsk olivolja
1 vitlöksklyfta, krossad
½ dl grönsaksbuljong
½ dl lättmjölk

instruktion:

Gör ett vattenbad, lägg Sous Vide i det och ställ in det på 185F.

Lägg blomkål, broccoli, paprika och vitlök i en vakuumpåse och häll olivoljan över dem. Släpp ut luften genom att krama ur vattnet och stäng påsen. Sänk ned påsen i ett vattenbad. Ställ in timern på 50 minuter och laga mat.

När timern stannar, ta bort påsen och öppna den. Lägg grönsakerna i en mixer, tillsätt vitlök och mjölk och mixa till en slät smet.

Ställ kastrullen på medelvärme, tillsätt grönsakspurén och grönsaksbotten och koka i 3 minuter. Krydda med salt och peppar. Servera varm som tillbehör till huvudrätten.

Mintsmör ärtor

Beredningstid + tillagningstid: 25 minuter | Måltider: 2

Ingredienser:

1 matsked smör
½ kopp snöärtor
1 msk myntablad, hackade
Nypa salt
Socker efter smak

instruktion:

Gör ett vattenbad, lägg Sous Vide i det och ställ in det på 183 F. Lägg alla ingredienser i en vakuumförslutbar påse. Släpp ut luften genom att flytta vattnet, stäng och sänk ned i badet. Koka i 15 minuter.

När timern stannar, ta bort och öppna påsen. Lägg ingredienserna på ett serveringsfat. Servera som krydda.

Brysselkål i söt sirap

Beredningstid + tillagningstid: 75 minuter | Måltider: 3

Ingredienser:

4 pund brysselkål, halverad
3 matskedar olivolja
¾ kopp fisksås
3 matskedar vatten
2 matskedar socker
1 ½ msk risvinäger
2 teskedar citronsaft
3 röda paprikor, tunt skivade
2 vitlöksklyftor, hackade

instruktion:

Gör en bain-marie, placera sous vide i den och ställ in den på 183 F. Häll brysselkålen, salt och olja i en vakuumförseglad påse, ta bort luften genom att tränga undan vatten, stäng och sänk ned påsen i vattenbadet. Ställ in timern på 50 minuter.

När timern stannar tar du bort påsen, öppnar den och överför brysselkålen till en plåt klädd med bakplåtspapper. Värm grillen till högt, lägg bakplåten på den och koka i 6 minuter. Blanda brysselkålen i en skål.

Förbered såsen: tillsätt resten av de angivna ingredienserna i skålen och blanda. Tillsätt såsen till brysselkålen och blanda jämnt. Servera som tillbehör till huvudrätten.

Rädisa med örtost

Förberedelsetid + tillagningstid: 1h15 | Måltider: 3

Ingredienser:

10 uns getost
4 uns färskost
¼ kopp röd paprika, mald
3 matskedar pesto
3 teskedar citronsaft
2 matskedar persilja
2 vitlöksklyftor
9 stora rädisor, skivade.

instruktion:

Gör ett vattenbad, lägg Sous Vide i den och ställ in den på 181 F. Lägg rädisskivorna i en vakuumförseglad påse, släpp ut luften och förslut. Doppa påsen i vattenbadet och ställ in timern på 1 timme.

Blanda resterande ingredienser i en skål och häll upp i en påse. Lägg åtsidan. När timern stannar, ta bort påsen och öppna den. Lägg upp rädisskivorna på ett serveringsfat och toppa varje skiva med ostblandningen. Servera som mellanmål.

Balsamikkålsgryta

Förberedelsetid + tillagningstid: 1h45 | Måltider: 3

Ingredienser:

1 pund rödkål, tärnad och kärnad
1 schalottenlök, tunt skivad
2 vitlöksklyftor, tunt skivade
½ msk balsamvinäger
½ msk osaltat smör
Salt att smaka

instruktion:

Gör en bain-marie, placera Sous Vide i den och ställ in den på 185 F. Dela kålen och resten av ingredienserna i 2 vakuumförslutbara påsar. Släpp ut luften genom att pressa vattnet och stäng påsarna. Lägg dem i ett vattenbad och ställ in timern på att koka i 1 timme och 30 minuter.

Nar klockan stannar, ta bort och öppna påsarna. Lägg upp kålen med saften på serveringsfat. Krydda med salt och vinäger. Servera som tillbehör till huvudrätten.

Stekta tomater

Beredningstid + tillagningstid: 45 minuter | Måltider: 3

Ingredienser:

4 koppar körsbärstomater
5 matskedar olivolja
½ msk färska rosmarinblad, hackade
½ msk färska timjanblad, hackade
Salt och svartpeppar efter smak

instruktion:

Gör ett vattenbad, vakuumförslut och ställ in på 131 F. Dela de listade ingredienserna i 2 vakuumförslutna påsar, smaka av med salt och peppar. Släpp ut luften genom att pressa vattnet och stäng påsarna. Sänk ner dem i ett vattenbad och ställ in timern på 30 minuter.

När klockan stannar tar du ut påsarna och öppnar dem. Överför tomaterna och deras juice till en skål. Servera som tillbehör till huvudrätten.

Ratatouille

Förberedelsetid + tillagningstid: 2h10 | Måltider: 3

Ingredienser:

2 zucchini, skivade
2 tomater, hackade
2 röda paprikor, kärnade och skär i 2-tums kuber
1 liten aubergine, skivad
1 lök, skuren i 1-tums kuber
Salt att smaka
½ röda paprikaflingor
8 vitlöksklyftor, krossade
2 ½ msk olivolja
5 kvistar + 2 kvistar basilikablad

instruktion:

Gör en bain-marie, lägg Sous Vide i den och ställ in den på 185 F. Placera tomater, zucchini, lök, paprika och aubergine i 5 separata vakuumförslutna påsar. Lägg vitlök, basilikablad och 1 msk olivolja i varje påse. Släpp ut luften genom att flytta vattnet, förslut och doppa påsarna i vattenbadet och ställ in timern på 20 minuter.

När timern stannar, ta bort påsen med tomater. Lägg åtsidan. Ställ tillbaka timern till 30 minuter. När timern stannar, ta bort påsarna med zucchini och röd paprika. Lägg åtsidan. Ställ tillbaka timern till 1 timme.

När timern stannar, ta bort de återstående påsarna och kassera vitlök och basilikablad. Tillsätt tomaterna i skålen och mosa dem försiktigt med en sked. Hacka resten av grönsakerna och lägg dem i tomaterna. Krydda med salt, rödpepparflingor, resterande olivolja och basilika. Servera som tillbehör till huvudrätten.

Tomatsoppa

Beredningstid + tillagningstid: 60 minuter | Måltider: 3

Ingredienser:

2 pund tomater, halverade
1 lök, tärnad
1 stjälk selleri, hackad
3 matskedar olivolja
1 matsked tomatpuré
En nypa socker
1 lagerblad

instruktion:

Gör ett vattenbad, lägg Sous Vide i det och ställ in det på 185 F. Lägg alla listade ingredienser utom salt i en skål och blanda. Lägg dem i en vakuumpåse. Släpp ut luften genom att tränga undan vattnet, förslut och doppa påsen i ett vattenbad. Ställ in timern på 40 minuter.

När timern stannar, ta bort påsen och öppna den. Blanda ingredienserna med en mixer. Häll tomatblandningen i en kastrull och ställ på medelvärme. Smaka av med salt och koka i 10 minuter. Häll upp soppan i skålar och låt svalna. Servera varm med lågkolhydratsbröd.

Ångade rödbetor

Förberedelsetid + tillagningstid: 1h15 | Måltider: 3

Ingredienser:

2 rödbetor, skalade och skurna i 1 cm bitar
⅓ kopp balsamvinäger
½ tesked olivolja
⅓ kopp rostade nötter
⅓ kopp riven Grana Padano ost
Salt och svartpeppar efter smak

instruktion:

Gör ett vattenbad, placera Sous Vide i det och ställ in det på 183 F. Placera rödbetor, vinäger och salt i en vakuumförsluten påse. Släpp ut luften genom att tränga undan vattnet, förslut och doppa påsen i ett vattenbad. Ställ in timern på 1 timme.

När timern stannar, ta bort och öppna påsen. Lägg rödbetorna i en skål, tillsätt olivoljan och blanda. Strö över nötter och ost. Servera som tillbehör till huvudrätten.

aubergine lasagne

Beredningstid + tillagningstid: 3 timmar | Måltider: 3

Ingredienser:

1 pund aubergine, skalad och tunt skivad
1 tesked salt
1 dl tomatsås, delat med 3
2 uns färsk mozzarella, tunt skivad
1 uns riven parmesan
2 uns blandad italiensk ost, riven
3 msk färsk basilika, hackad

Bandage:

½ msk macadamianötter, rostade och hackade
1 uns riven parmesan
1 uns blandad italiensk ost, riven

instruktion:

Gör en bain-marie, lägg den i Sous Vide och ställ in den på 183 F. Krydda auberginen med salt. Spara den återförslutningsbara påsen, lägg hälften av auberginerna på lager, bred ut en portion tomatsås, garnera med mozzarella, sedan parmesan, sedan ostblandningen och sist basilika. Häll i ytterligare en portion tomatsås.

Stäng påsen försiktigt genom att förskjuta vattnet, håll den så platt som möjligt. Sänk ned påsen platt i vattenbadet. Ställ in timern på 2 timmar och laga mat. Under de första 30 minuterna töms luften 2-3 gånger, eftersom aubergine släpper ut gas under matlagning.

När timern stannar, ta försiktigt bort påsen och använd en hammare för att slå på ena hörnet av påsen för att släppa ut vätskan från påsen. Lägg påsen platt på ett serveringsfat, skär av toppen och tryck försiktigt ut lasagnen på tallriken. Toppa med resterande tomatsås, macadamianötter, ostblandning och parmesan. Smält osten och bryn den över värmen.

Svampsoppa

Beredningstid + tillagningstid: 50 minuter | Måltider: 3

Ingredienser:

1 pund blandade svampar

2 lökar, tärnade

3 vitlöksklyftor

2 kvistar persilja, hackad

2 matskedar timjanpulver

2 matskedar olivolja

2 koppar grädde

2 koppar grönsaksbuljong

instruktion:

Gör ett vattenbad, placera Sous Vide i den och ställ in den på 185 F. Placera svampen, löken och sellerin i en vakuumförsluten påse. Släpp ut luften genom att tränga undan vattnet, förslut och doppa påsen i ett vattenbad. Ställ in timern på 30 minuter. När timern stannar, ta bort och öppna påsen.

Blanda ingredienserna från påsen i en mixer. Sätt pannan på medelvärme, tillsätt olivoljan. När det börjar bli varmt, tillsätt den pressade svampen och resten av ingredienserna förutom grädden. Koka i 10 minuter. Stäng av värmen och tillsätt grädden. Blanda väl och servera.

Vegetarisk parmesanrisotto

Beredningstid + tillagningstid: 65 minuter | Måltider: 5

Ingredienser:

2 dl arborioris
½ kopp vanligt vitt ris
1 kopp grönsaksbuljong
1 glas vatten
6-8 uns riven parmesan
1 lök, hackad
1 matsked smör
Salt och svartpeppar efter smak

instruktion:

Förbered en bain-marie och ställ i vakuum. Ställ in på 185 F. Smält smöret i en kastrull på medelvärme. Tillsätt löken, riset och kryddorna och fräs några minuter. Överför till en vakuumförseglad påse. Släpp ut luften genom att tränga undan vattnet, förslut och doppa påsen i ett vattenbad. Ställ in timern på 50 minuter. När timern stannar, ta bort påsen och blanda i parmesanen.

Grön soppa

Beredningstid + tillagningstid: 55 minuter | Måltider: 3

Ingredienser:

4 koppar grönsaksbuljong
1 matsked olivolja
1 vitlöksklyfta, krossad
1 tum ingefära, skivad
1 tsk pulveriserad koriander
1 stor zucchini, tärnad
3 koppar kål
2 dl broccoli, delad i buketter
1 lime, pressad och skalad

instruktion:

Gör ett vattenbad, placera Sous Vide i den och ställ in den på 185 F. Lägg broccolin, zucchinin, kålen och persiljan i en vakuumförsluten påse. Släpp ut luften genom att tränga undan vattnet, förslut och doppa påsen i ett vattenbad. Ställ in timern på 30 minuter.

När timern stannar, ta bort och öppna påsen. Tillsätt de kokta ingredienserna i mixern tillsammans med vitlök och ingefära. Reducera till en slät puré. Häll den gröna purén i kastrullen och tillsätt resten av de angivna ingredienserna. Sätt pannan på medelvärme och koka i 10 minuter. Servera som tillbehör till huvudrätten.

Blandad grönsakssoppa

Beredningstid + tillagningstid: 55 minuter | Måltider: 3

Ingredienser:

1 söt lök, skivad

1 tsk vitlökspulver

2 dl zucchini, tärnad

3 uns parmesan skal

2 koppar babyspenat

2 matskedar olivolja

1 tsk röd paprika

2 koppar grönsaksbuljong

1 kvist rosmarin

Salt att smaka

instruktion:

Gör ett vattenbad, placera sous vide i den och ställ in den på 185 F. Blanda alla ingredienser utom vitlöken och saltet med olivolja och lägg dem i en lufttät sous vide-påse. Släpp ut luften genom att tränga undan vattnet, förslut och doppa påsen i ett vattenbad. Ställ in timern på 30 minuter.

När timern stannar, ta bort och öppna påsen. Släng rosmarinen. Häll resterande ingredienser i kastrullen och tillsätt saltet och vitlökspulvret. Sätt pannan på medelvärme och koka i 10 minuter. Servera som tillbehör till huvudrätten.

Vegetarisk wonton med rökt paprika

Beredningstid + tillagningstid: 5 timmar 15 minuter | Mat: 9)

Ingredienser:

10 oz wonton wraps
10 uns grönsaker efter eget val, hackade
2 ägg
1 tsk olivolja
½ tsk chilipulver
½ tsk rökt paprika
½ tsk vitlökspulver
Salt och svartpeppar efter smak

instruktion:

Förbered en bain-marie och ställ i vakuum. Ställ in på 165F.

Vispa äggen med kryddorna. Blanda grönsaker och olja. Häll blandningen i en vakuumpåse. Släpp ut luften genom att tränga undan vattnet, förslut och doppa påsen i ett vattenbad. Ställ in timern på 5 timmar.

När timern stannar, ta bort påsen och överför den till en skål. Fördela blandningen mellan raviolin, rulla ihop och förslut kanterna för att täta. Koka i kokande vatten i 4 minuter på medelvärme.

Quinoa och selleri miso

Förberedelsetid + tillagningstid: 2h25 | Måltider: 6

Ingredienser

1 selleri, hackad

1 msk misopasta

6 vitlöksklyftor

5 kvistar timjan

1 tsk lökpulver

3 matskedar ricottaost

1 msk senapsfrön

Saft av ¼ stor citron

5 körsbärstomater, grovt hackade

Hackad persilja

8 uns veganskt smör

8 uns kokt quinoa

Instruktion

Förbered en bain-marie och ställ i vakuum. Ställ in på 186F.

Värm under tiden pannan på medelvärme och tillsätt vitlök, timjan och senapsfröna. Koka i ca 2 minuter. Tillsätt smöret och rör tills det är gyllenbrunt. Blanda med lökpulver och ställ åt sidan. Låt svalna till rumstemperatur. Lägg grönsakerna i en vakuumpåse. Släpp ut luften genom att tränga undan vattnet, förslut och doppa påsen i ett vattenbad. Koka i 2 timmar.

När timern stannar, ta bort påsen och överför den till grytan och rör om tills den är gyllenbrun. Krydda mison. Lägg åtsidan. Värm pannan på medelvärme och tillsätt tomater, senap och quinoa. Blanda med citronsaft och persilja. Servera med en blandning av gröna grönsaker och tomater.

Rädisa och basilikasallad

Beredningstid + tillagningstid: 50 minuter | Måltider: 2

Ingredienser:

20 små rädisor, skivade
1 matsked vitvinsvinäger
¼ kopp hackad basilika
½ kopp fetaost
1 tsk socker
1 matsked vatten
¼ tesked salt

instruktion:

Förbered en bain-marie och ställ i vakuum. Ställ in på 200 F. Lägg rädisorna i en stor återförslutningsbar påse och tillsätt vinäger, socker, salt och vatten. Skaka dem tillsammans. Släpp ut luften genom att flytta vattnet, förslut och doppa i ett vattenbad. Koka i 30 minuter. När timern stannar, ta bort påsen och låt den svalna i isbadet. Servera varm. Servera beströdd med basilika och fetaost.

Pepparmix

Beredningstid + tillagningstid: 35 minuter | Måltider: 2

Ingredienser:

1 röd paprika, hackad
1 gul paprika, hackad
1 grön paprika, hackad
1 stor apelsin paprika, hackad
Salt att smaka

instruktion:

Gör ett vattenbad, lägg Sous Vide i det och ställ in det på 183 F. Lägg all paprika med salt i en vakuumförseglad påse. Släpp ut luften genom att flytta vattnet, förslut och doppa i ett vattenbad. Ställ in timern på 15 minuter. När timern stannar, ta bort och öppna påsen. Servera paprikan med juice vid sidan av.

Koriander Gurkmeja Quinoa

Förberedelse + tillagningstid: 105 minuter | Måltider: 6

Ingredienser:

3 koppar quinoa
2 koppar tung grädde
½ kopp vatten
3 matskedar korianderblad
2 teskedar gurkmejapulver
1 matsked smör
½ tesked salt

instruktion:

Förbered en bain-marie och ställ i vakuum. Ställ in på 180F.

Lägg alla ingredienser i en vakuumförseglad påse. Rör om för att blanda väl. Släpp ut luften genom att tränga undan vattnet, förslut och doppa påsen i ett vattenbad. Ställ in timern på 90 minuter. Ta bort påsen när timern stannar. Servera varm.

Vita bönor med oregano

Beredningstid + tillagningstid: 5 timmar 15 minuter | Måltider: 8

Ingredienser:

12 uns vita bönor
1 kopp tomatpuré
8 uns grönsaksbuljong
1 matsked socker
3 matskedar smör
1 dl hackad lök
1 paprika, hackad
1 matsked oregano
2 teskedar paprika

instruktion:

Förbered en bain-marie och ställ i vakuum. Ställ in på 185F.

Blanda alla ingredienser i en vakuumpåse. Rör om för att kombinera. Släpp ut luften genom att tränga undan vattnet, förslut och doppa påsen i ett vattenbad. Ställ in timern på 5 timmar. Ta bort påsen när timern stannar. Servera varm.

Potatis- och dadelsallad

Förberedelsetid + matlagning: 3h15 | Måltider: 6

Ingredienser:

2 pund potatis, tärnad
5 uns hackade dadlar
½ kopp smulad getost
1 tsk oregano
1 matsked olivolja
1 matsked citronsaft
3 matskedar smör
1 tsk koriander
1 tesked salt
1 msk hackad persilja
¼ tesked vitlökspulver

instruktion:

Förbered en bain-marie och ställ i vakuum. Ställ in på 190F.

Lägg potatis, smör, dadlar, oregano, koriander och salt i en vakuumpåse. Släpp ut luften genom att tränga undan vattnet, förslut och doppa påsen i ett vattenbad. Ställ in timern på 3 timmar.

När timern stannar, ta bort påsen och överför den till en skål. Blanda olivolja, citronsaft, persilja och vitlökspulver och ringla över salladen. Om du använder ost, strö det ovanpå.

Paprika

Förberedelsetid + tillagningstid: 3h10 | Måltider: 4

Ingredienser:

10 uns mannagryn
4 matskedar smör
1 ½ tsk paprika
10 uns vatten
½ tsk vitlökssalt

instruktion:

Förbered en bain-marie och ställ i vakuum. Ställ in på 180F.

Lägg alla ingredienser i en vakuumförseglad påse. Rör om med en sked tills det är väl blandat. Släpp ut luften genom att tränga undan vattnet, förslut och doppa påsen i ett vattenbad. Ställ in timern på 3 timmar. Ta bort påsen när timern stannar. Fördela mellan 4 portionsskålar.

En blandning av druvgrönsaker

Beredningstid + tillagningstid 105 minuter | Mat: 9)

Ingredienser:

8 sötpotatisar, skivade
2 rödlökar, skivade
4 uns tomater, mosade
1 tsk hackad vitlök
Salt och svartpeppar efter smak
1 tsk druvjuice

instruktion:

Förbered en bain-marie och ställ i vakuum. Ställ in på 183 F. Lägg alla ingredienser med ¼ kopp vatten i en vakuumförslutbar påse. Släpp ut luften genom att tränga undan vattnet, förslut och doppa påsen i ett vattenbad. Ställ in timern på 90 minuter. Ta bort påsen när timern stannar. Servera varm.

Myntarätt med kikärter och svamp

Förberedelsetid + tillagningstid: 4h15 | Måltider: 8

Ingredienser:

9 uns svamp

3 koppar grönsaksbuljong

1 pund kikärter, blötlagda över natten och avrunna

1 tsk smör

1 tsk paprika

1 matsked senap

2 matskedar tomatjuice

1 tesked salt

¼ kopp hackad mynta

1 matsked olivolja

instruktion:

Förbered en bain-marie och ställ i vakuum. Ställ in på 195 F. Lägg soppan och kikärtorna i en vakuumförseglad påse. Släpp ut luften genom att tränga undan vattnet, förslut och doppa påsen i ett vattenbad. Ställ in timern på 4 timmar.

Ta bort påsen när timern stannar. Hetta upp oljan i en stekpanna på medelvärme. Tillsätt svamp, tomatjuice, paprika, salt och senap. Koka 4 minuter. Låt kikärtorna rinna av och lägg dem i pannan. Koka i ytterligare 4 minuter. Tillsätt smöret och myntan.

Grönsakscaponata

Förberedelsetid + matlagning: 2h15 | Måltider: 4

Ingredienser:

4 konserverade tomater, krossade
2 paprika, skivade
2 zucchini, skivade
½ hackad lök
2 auberginer, skivade
6 vitlöksklyftor, hackade
2 matskedar olivolja
6 basilikablad
Salt och svartpeppar efter smak

instruktion:

Förbered en bain-marie och ställ i vakuum. Ställ in på 185 F. Kombinera alla ingredienser i en vakuumförseglad påse. Släpp ut luften genom att tränga undan vattnet, förslut och doppa påsen i ett vattenbad. Ställ in timern på 2 timmar. När timern stannar, överför till ett serveringsfat.

Mangold och limegryta

Beredningstid + tillagningstid: 25 minuter | Måltider: 2

2 pund mangold

4 matskedar extra virgin olivolja

2 vitlöksklyftor, krossade

1 hel lime, pressad

2 matskedar havssalt

instruktion:

Skölj mangold ordentligt och låt den rinna av i ett durkslag. Hacka grovt med en vass kniv och överför till en stor skål. Blanda 4 matskedar olivolja, pressad vitlök, limejuice och havssalt. Överför till en stor vakuumpåse och förslut. Koka sous vide i 10 minuter i 180 grader.

Rotfruktspuré

Förberedelse + tillagningstid: 3h15 | Måltider: 4

Ingredienser:

2 palsternacka, skalade och hackade
1 kålrot skalad och hackad
1 stor sötpotatis, skalad och skivad
1 matsked smör
Salt och svartpeppar efter smak
En nypa muskotnöt
¼ tesked timjan

instruktion:

Förbered en bain-marie och ställ i vakuum. Ställ in på 185 F. Placera grönsaker i en vakuumförseglad påse. Släpp ut luften genom att flytta vattnet, förslut och doppa i ett vattenbad. Koka i 3 timmar. När du är klar, ta bort påsen och mosa grönsakerna med en potatisstöt. Blanda in resten av ingredienserna.

Kål och paprika i tomatsås

Förberedelse + tillagningstid: 4h45 | Måltider: 6

Ingredienser:

2 pund kål, hackad
1 dl hackad paprika
1 kopp tomatpuré
2 lökar, skivade
1 matsked socker
Salt och svartpeppar efter smak
1 matsked koriander
1 matsked olivolja

instruktion:

Förbered en bain-marie och ställ i vakuum. Ställ in på 184F.

Lägg kålen och löken i en vakuumpåse och krydda med kryddor. Tillsätt tomatpurén och rör om för att kombinera. Släpp ut luften genom att tränga undan vattnet, förslut och doppa påsen i ett vattenbad. Ställ in timern på 4 timmar och 30 minuter. Ta bort påsen när timern stannar.

Ett fat med linser och tomater

Förberedelse + tillagningstid: 105 minuter | Måltider: 8

Ingredienser:

2 koppar linser

1 burk krossade tomater, oskalade

1 kopp gröna ärtor

3 koppar grönsaksbuljong

3 glas vatten

1 lök, hackad

1 morot, hackad

1 matsked smör

2 matskedar senap

1 tsk röd paprika

2 matskedar citronsaft

Salt och svartpeppar efter smak

instruktion:

Förbered en bain-marie och ställ i vakuum. Ställ in på 192 F. Lägg alla ingredienser i en stor lufttät påse. Släpp ut luften genom att flytta vattnet, stäng och sänk ned i badet. Koka i 90 minuter. När timern stannar, ta bort påsen och överför till en stor skål och släng innan servering.

Rispilaff med paprika och russin

Förberedelsetid + tillagningstid: 3h10 | Måltider: 6

Ingredienser:

2 koppar vitt ris
2 koppar grönsaksbuljong
⅔ kopp vatten
3 msk hackade russin
2 matskedar gräddfil
½ kopp hackad rödlök
1 paprika, hackad
Salt och svartpeppar efter smak
1 tsk timjan

instruktion:

Förbered en bain-marie och ställ i vakuum. Ställ in på 180F.

Lägg alla ingredienser i en vakuumförseglad påse. Rör om för att blanda väl. Släpp ut luften genom att tränga undan vattnet, förslut och doppa påsen i ett vattenbad. Ställ in timern på 3 timmar. Ta bort påsen när timern stannar. Servera varm.

Kumminyoghurtsoppa

Förberedelsetid + tillagningstid: 2h20 | Måltider: 4

Ingredienser

1 matsked olivolja
1½ tsk spiskummin
1 medelstor lök, tärnad
Skala och skiva 1 purjolök tunt
Salt att smaka
2 pund hackade morötter
1 lagerblad
3 koppar grönsaksbuljong
½ kopp helmjölksyoghurt
Äppelvinäger
Färska dillblad

Instruktion

Förbered en bain-marie och ställ i vakuum. Ställ in på 186 F. Värm olivoljan i en stor stekpanna på medelvärme och tillsätt spiskummin. Bryn dem i 1 minut. Tillsätt löken, saltet och purjolöken och koka i 5-7 minuter tills det mjuknat. I en stor skål, kombinera lök, lagerblad, morot och 1/2 tsk salt.

Fördela blandningen i en vakuumpåse. Släpp ut luften genom att tränga undan vattnet, förslut och doppa påsen i ett vattenbad. Koka i 2 timmar.

När timern stannar, ta bort påsen och häll upp i en skål. Tillsätt grönsaksbuljongen och blanda. Tillsätt yoghurten. Smaksätt soppan med salt och vinäger och servera garnerad med dillblad.

Smörad sommarsquash

Förberedelsetid + tillagningstid: 1h35 | Måltider: 4

Ingredienser

2 matskedar smör
¾ kopp hackad lök
1½ kilo sommarpumpa, skivad
Salt och svartpeppar efter smak
½ kopp helmjölk
2 stora hela ägg
½ kopp krossade vanliga chips

Instruktion

Förbered en bain-marie och ställ i vakuum. Ställ in på 175F

Smörj under tiden några glas. Hetta upp en stor stekpanna på medelvärme och smält smöret. Tillsätt löken och fräs i 7 minuter. Tillsätt pumpan, smaka av med salt och peppar och grädda i 10 minuter. Dela blandningen i glas. Låt svalna och ställ åt sidan.

Blanda mjölk, salt och ägg i en skål. Krydda med peppar. Häll upp blandningen i glas, stäng dem och sänk ner glasen i ett vattenbad. Koka i 60 minuter. När timern stannar, ta bort burkarna och låt dem svalna i 5 minuter. Servera över chips.

Currychutney med nektariner

Beredningstid + tillagningstid: 60 minuter | Måltider: 3

Ingredienser

½ kopp strösocker

½ kopp vatten

¼ kopp vitvinsvinäger

1 vitlöksklyfta, hackad

¼ kopp vit lök, finhackad

Saft av 1 lime

2 tsk riven färsk ingefära

2 teskedar curry

En nypa röd paprikaflingor

Salt och svartpeppar efter smak

Pepparflingor efter smak

4 stora bitar nektariner, skurna i rundlar

¼ kopp hackad färsk basilika

Instruktion

Förbered en bain-marie och ställ i vakuum. Ställ in på 168F.

Värm pannan på medelvärme och blanda ihop vatten, socker, vitvinsvinäger och vitlök. Rör om tills sockret mjuknar. Tillsätt limejuice, lök, currypulver, ingefära och rödpepparflingor. Krydda med salt och svartpeppar. Blanda väl. Lägg blandningen i en vakuumförseglad påse. Släpp ut luften genom att tränga undan vattnet, förslut och doppa påsen i ett vattenbad. Koka i 40 minuter.

När timern stannar, ta bort påsen och placera den i isbadet. Överför maten till ett serveringsfat. Garnera med basilika.

Rosmarin brun potatissylt

Förberedelsetid + tillagningstid: 1h15 | Måltider: 4

Ingredienser

1 pund ingefära potatis, skivad
Salt att smaka
¼ tesked mald vitpeppar
1 tsk hackad färsk rosmarin
2 matskedar helt smör
1 msk majsolja

Instruktion

Förbered en bain-marie och ställ i vakuum. Sätt till 192 F. Krydda potatisen med rosmarin, salt och peppar. Blanda potatisen med smöret och oljan. Lägg i en vakuumförseglad påse. Släpp ut luften genom att tränga undan vattnet, förslut och doppa påsen i ett vattenbad. Koka i 60 minuter. När timern stannar, ta bort påsen och överför den till en stor skål. Toppa med smör och servera.

Currypäron och kokosgrädde

Förberedelsetid + matlagning: 1h10 | Måltider: 4

Ingredienser

2 päron, ta en näve, skala dem och skär dem i skivor
1 msk currypulver
2 matskedar kokosgrädde

Instruktion

Förbered en bain-marie och ställ i vakuum. Ställ in på 186F.

Blanda alla ingredienser och lägg i en vakuumförsluten påse. Släpp ut luften genom att tränga undan vattnet, förslut och doppa påsen i ett vattenbad. Koka i 60 minuter. När timern stannar, ta bort påsen och överför den till en stor skål. Lägg upp på tallrikar och servera.

Mjuk broccolipasta

Förberedelsetid + matlagning: 2h15 | Måltider: 4

Ingredienser

1 huvud broccoli, uppdelat i buketter
½ tsk vitlökspulver
Salt att smaka
1 matsked smör
1 matsked tung grädde

Instruktion

Förbered en bain-marie och ställ i vakuum. Ställ in på 183 F. Blanda broccoli, salt, vitlökspulver och grädde. Lägg i en vakuumförseglad påse. Släpp ut luften genom att tränga undan vattnet, förslut och doppa påsen i ett vattenbad. Koka i 2 timmar.

När timern stannar, ta bort påsen och placera den i mixern för att pulsera. Krydda och servera.

Läckra dadlar och mango chutney

Förberedelsetid + tillagningstid: 1h45 | Måltider: 4

Ingredienser

2 pund hackad mango
1 liten lök, tärnad
½ kopp ljust farinsocker
¼ kopp dadlar
2 matskedar äppelcidervinäger
2 msk färskpressad citronsaft
1½ tsk gul senap
1½ tsk korianderfrön
Salt att smaka
¼ tesked currypulver
¼ tesked torkad gurkmeja
⅛ tesked cayennepeppar

Instruktion

Förbered en bain-marie och ställ i vakuum. Ställ in på 183F.

Blanda alla ingredienser. Lägg i en vakuumförseglad påse. Släpp ut luften genom att tränga undan vattnet, förslut och doppa påsen i ett vattenbad. Koka i 90 minuter. När timern stannar, ta bort påsen och häll i kastrullen.

Mandarin och gröna bönsallad med valnötter

Förberedelsetid + matlagning: 1h10 | Mat: 8)

Ingredienser

2 pund gröna bönor, skivade
2 mandariner
2 matskedar smör
Salt att smaka
2 uns valnötter

Instruktion

Förbered en bain-marie och ställ i vakuum. Ställ in på 186 F. Blanda gröna bönor, salt och smör. Lägg i en vakuumförseglad påse. Tillsätt mandarinskalet och juicen. Släpp ut luften genom att tränga undan vattnet, förslut och doppa påsen i ett vattenbad. Koka i 1 timme. När timern stannar, ta bort påsen och överför den till ett serveringsfat. Strö över mandarinskalet och valnötterna.

Ärtkräm med muskotnöt

Förberedelsetid + matlagning: 1h10 | Mat: 8)

Ingredienser

1 pund färska gröna ärtor
1 dl vispad grädde
¼ kopp smör
1 msk majsstärkelse
¼ tesked mald muskotnöt
4 kryddnejlika
2 lagerblad
Svartpeppar efter smak

Instruktion

Förbered en bain-marie och ställ i vakuum. Ställ in på 184 F. Kombinera majsstärkelse, muskotnöt och grädde i en skål. Vispa tills majsstärkelsen mjuknar.

Lägg blandningen i en vakuumförseglad påse. Släpp ut luften genom att tränga undan vattnet, förslut och doppa påsen i ett vattenbad. Koka i 1 timme. När timern stannar, ta bort påsen och kassera lagerbladet. tjäna.

Enkel broccolipuré

Beredningstid + tillagningstid: 60 minuter | Måltider: 4

Ingredienser

1 huvud broccoli
1 kopp grönsaksbuljong
3 matskedar smör
Salt att smaka

Instruktion

Förbered en bain-marie och ställ i vakuum. Ställ in på 186F.

Blanda broccoli, smör och grönsaksbuljong. Lägg i en vakuumförseglad påse. Släpp ut luften genom att tränga undan vattnet, förslut och doppa påsen i ett vattenbad. Koka i 45 minuter.

När timern stannar, ta bort påsen och sila. Spara matlagningsjuicerna. Lägg broccolin i en mixer och mixa tills den är slät. Häll i lite matlagningsjuice. Smaka av med salt och peppar innan servering.

Röd paprika och broccolisoppa

Förberedelsetid + tillagningstid: 1h25 | Mat: 8)

Ingredienser

2 matskedar olivolja

1 stor lök, tärnad

2 vitlöksklyftor, skivade

Salt att smaka

⅛ tesked krossade rödpepparflingor

1 huvud broccoli, uppdelat i buketter

1 äpple, skalat och tärnat

6 koppar grönsaksbuljong

Instruktion

Förbered en bain-marie och ställ i vakuum. Ställ in på 183F.

Hetta upp en panna med olja på medelvärme tills den skimrar. Fräs lök, 1/4 tsk salt och vitlök i 7 minuter. Tillsätt chiliflakes och blanda väl. Ta bort från elden. Vi låter det svalna.

Lägg blandningen av äpplen, broccoli, lök och 1/4 tsk salt i en återförslutningsbar påse. Släpp ut luften genom att tränga undan vattnet, förslut och doppa påsen i ett vattenbad. Koka i 1 timme.

När klockan stannar, ta bort påsen och överför den till grytan. Häll i grönsaksbuljongen och blanda. Smaka av med salt och servera.

Miso chili majs med sesam och honung

Beredningstid + tillagningstid: 45 minuter | Måltider: 4

Ingredienser

4 ax av majs

6 matskedar smör

3 msk röd misopasta

1 tesked honung

1 tsk chilipeppar

1 msk rapsolja

1 lök, tunt skivad

1 tsk rostade sesamfrön

Instruktion

Förbered en bain-marie och ställ i vakuum. Ställ in på 183 F. Skala majsen och skär kolvarna. Täck varje majs med 2 matskedar smör. Lägg i en vakuumförseglad påse. Släpp ut luften genom att tränga undan vattnet, förslut och doppa påsen i ett vattenbad. Koka i 30 minuter.

Blanda under tiden 4 msk smör, 2 msk misopasta, honung, rapsolja och kryddpeppar i en skål. Blanda väl. Lägg åtsidan. När klockan stannar, ta bort påsen och koka majsen. Bred ut misoblandningen ovanpå. Garnera med sesamolja och capesanta.

Krämig ärtgnocchi

Förberedelsetid + tillagningstid: 1h50 | Måltider: 2

Ingredienser

1 rulle gnocchi
1 matsked smör
½ söt lök, tunt skivad
Salt och svartpeppar efter smak
½ kopp frysta ärtor
¼ kopp tung grädde
½ kopp riven Pecorino Romano ost

Instruktion

Förbered en bain-marie och ställ i vakuum. Ställ in på 183 F. Lägg gnocchin i en vakuumförslutbar påse. Släpp ut luften genom att tränga undan vattnet, förslut och doppa påsen i ett vattenbad. Koka i 1h30.

När timern stannar, ta bort påsen och ställ den åt sidan. Hetta upp en panna med smör på medelvärme och fräs löken i 3 minuter. Tillsätt de frysta ärtorna och grädden och koka upp. Häll gnocchin med grädde, smaka av med peppar och salt och servera på ett fat.

Äppelsallad med honung och ruccola

Förberedelsetid + tillagningstid: 3h50 | Måltider: 4

Ingredienser

2 matskedar honung
2 äpplen, ta en näve, skär dem på mitten och skär dem i skivor
½ kopp valnötter, rostade och hackade
½ kopp riven Grana Padano ost
4 koppar ruccola
Havssalt efter smak

<u>Klänning</u>
¼ kopp olivolja
1 matsked vitvinsvinäger
1 tsk dijonsenap
1 vitlöksklyfta, hackad
Salt att smaka

Instruktion

Förbered en bain-marie och ställ i vakuum. Ställ in på 158 F. Lägg honungen i en glasburk och värm i 30 sekunder, tillsätt äpplena och blanda väl. Lägg den i en vakuumförseglad påse. Släpp ut luften genom att tränga undan vattnet, förslut och doppa påsen i ett vattenbad. Koka i 30 minuter.

När timern stannar, ta bort påsen och överför den till ett isvattenbad i 5 minuter. Ställ i kylen i 3 timmar. Blanda alla vinägrettingredienser i ett glas och skaka väl. Låt svalna en stund i kylen.

Blanda ruccola, valnötter och Grana Padano ost i en skål. Lägg på persikoskivorna. Häll över vinägretten. Smaka av med salt och peppar och servera sedan.

Krabbkött med limesmörsås

Beredningstid + tillagningstid: 70 minuter | Måltider: 4

Ingredienser

6 vitlöksklyftor, hackade
Skal och saft av ½ lime
1 pund krabbakött
4 matskedar smör

Instruktion

Förbered en bain-marie och ställ i vakuum. Ställ in på 137 F. Blanda hälften av vitlöken, limeskalet och hälften av limesaften väl. Lägg åtsidan. Lägg krabbaköttet, smöret och limeblandningen i en återförslutbar påse. Släpp ut luften genom att tränga undan vattnet, förslut och doppa påsen i ett vattenbad. Koka i 50 minuter. Ta bort påsen när timern stannar. Häll av matlagningsjuicerna.

Värm pannan på medelvärme och tillsätt resterande smör, resterande limeblandning och resterande limejuice. Servera krabban i 4 ramekins överdrålade med limesmör.

En snabb lax från norra sidan

Beredningstid + tillagningstid: 30 minuter | Måltider: 4

Ingredienser

1 matsked olivolja

4 laxfiléer med skinn

Salt och svartpeppar efter smak

Skal och saft av 1 citron

2 matskedar gul senap

2 matskedar sesamolja

Instruktion

Förbered en bain-marie och ställ i vakuum. Ställ in på 114 F. Krydda laxen med salt och peppar. Blanda citronskal och saft, olja och senap. Lägg laxen i 2 vakuumpåsar med senapsblandningen. Släpp ut luften genom att pressa vattnet, försegla och sänk ned påsarna i badkaret. Koka i 20 minuter. Hetta upp sesamoljan i pannan. När timern stannar tar du bort laxen och torkar den. Överför laxen till pannan och stek i 30 sekunder på varje sida.

Läcker öring med senap och tamarisås

Beredningstid + tillagningstid: 35 minuter | Måltider: 4

Ingredienser

¼ kopp olivolja
4 öringfiléer, utan skinn och skivade
½ kopp tamarisås
¼ kopp ljust farinsocker
2 vitlöksklyftor, hackade
1 msk Coleman senap

Instruktion

Förbered en bain-marie och ställ i vakuum. Ställ in på 130 F. Blanda tamarisås, farinsocker, olivolja och vitlök. Lägg öringen i en vakuumpåse med tamariblandningen. Släpp ut luften genom att tränga undan vattnet, förslut och doppa påsen i ett vattenbad. Koka i 30 minuter.

När timern stannar tar du bort öringen och torkar den med en trasa. Häll av matlagningsjuicerna. Garnera med tamarisås och senap till servering.

Tonfisk med sesam och ingefärssås

Beredningstid + tillagningstid: 45 minuter | Måltider: 6

Ingredienser:

tonfisk:

3 tonfiskbiffar

Salt och svartpeppar efter smak

⅓ kopp olivolja

2 matskedar rapsolja

½ kopp svart sesam

½ kopp vit sesam

ingefärssås:

1 cm riven ingefära

2 schalottenlök, hackade

1 mald röd paprika

3 matskedar vatten

Saften av 2½ lime

1 ½ msk risvinäger

2 ½ msk sojasås

1 matsked fisksås

1 ½ tsk socker

1 knippe salladsblad

instruktion:

Börja med såsen: sätt en liten kastrull på låg värme och tillsätt olivoljan. När det är varmt, tillsätt ingefära och chilin. Koka i 3 minuter. Tillsätt sockret och vinägern, blanda och koka tills sockret lösts upp. Tillsätt vatten och låt koka upp. Tillsätt sojasås, fisksås och limejuice och koka 2 minuter. Låt svalna.

Gör ett vattenbad, lägg i Sous Vide och ställ in den på 110 F. Krydda tonfisken med salt och peppar och lägg den i 3 separata vakuumförslutna påsar. Tillsätt olivoljan, töm påsen genom att ta bort vattnet, förslut och sänk ned påsen i ett vattenbad. Ställ in timern på 30 minuter.

När timern stannar, ta bort och öppna påsen. Reservera tonfisken. Sätt pannan på låg värme och tillsätt rapsoljan. Under uppvärmning i en skål, tillsätt sesamfröna. Torka tonfisken, strö över sesamfrön och stek i het olja inifrån och ut tills fröna börjar steka.

Skär tonfisken i tunna strimlor. Täck tallriken med salladen och arrangera tonfisken på salladen. Servera med ingefärssås som förrätt.

Himmelska citron vitlök krabba rullar

Beredningstid + tillagningstid: 60 minuter | Måltider: 4

Ingredienser

4 matskedar smör

1 pund kokt krabbkött

2 vitlöksklyftor, hackade

Skal och saft av ½ citron

½ kopp majonnäs

1 fänkålslök, hackad

Salt och svartpeppar efter smak

4 rullar, skivade, oljade och grillade

Instruktion

Förbered en bain-marie och ställ i vakuum. Ställ in på 137 F. Rör ner vitlök, citronskal och 1/4 kopp citronsaft. Lägg krabbaköttet i en vakuumpåse med smör-citronblandningen. Släpp ut luften genom att tränga undan vattnet, förslut och doppa påsen i ett vattenbad. Koka i 50 minuter.

När timern stannar, ta bort påsen och överför den till en skål. Häll av matlagningsjuicerna. Blanda krabbköttet med resterande citronsaft, majonnäs, fänkål, dill, salt och peppar. Innan servering, fyll rullarna med krabbköttsblandningen.

Kryddig stekt bläckfisk med citronsås

Förberedelsetid + tillagningstid: 4h15 | Måltider: 4

Ingredienser

5 matskedar olivolja

1 pund bläckfisktentakler

Salt och svartpeppar efter smak

2 matskedar citronsaft

1 msk citronskal

1 msk hackad färsk persilja

1 tsk timjan

1 tsk paprika

Instruktion

Förbered en bain-marie och ställ i vakuum. Ställ in på 179 F. Skär tentaklarna i medelstora bitar. Krydda med salt och peppar. Lägg längderna i en vakuumpåse med olivolja. Släpp ut luften genom att tränga undan vattnet, förslut och doppa påsen i ett vattenbad. Koka i 4 timmar.

När timern stannar, ta ut bläckfisken och torka den med en trasa. Häll av matlagningsjuicerna. Ringla över olivolja.

Förvärm grillen till medelvärme och stek tentaklarna i 10 till 15 sekunder på varje sida. Lägg åtsidan. Blanda citronsaft, citronskal, paprika, timjan och persilja väl. Häll citronsåsen över bläckfisken.

Kreolska räkspett

Beredningstid + tillagningstid: 50 minuter | Måltider: 4

Ingredienser

Skal och saft av 1 citron
6 matskedar smör
2 vitlöksklyftor, hackade
Salt och vitpeppar efter smak
1 msk kreolsk krydda
1½ pounds deveined räkor
1 msk hackad färsk dill + till garnering
Citronskivor

Instruktion

Förbered en bain-marie och ställ i vakuum. Ställ in på 137F.

Smält smöret i en stekpanna på medelvärme och tillsätt vitlök, kreolskrydda, citronskal och -saft, salt och peppar. Koka i 5 minuter tills smöret smält. Ställ åt sidan och låt svalna.

Lägg räkorna med smörblandningen i en vakuumförseglad påse. Släpp ut luften genom att tränga undan vattnet, förslut och doppa påsen i ett vattenbad. Koka i 30 minuter.

När timern stannar, ta bort räkorna och torka dem med en handduk. Häll av matlagningsjuicerna. Innan servering, stoppa räkorna och garnera med dill och citronsaft.

Räkor med kryddig sås

Beredningstid + tillagningstid: 40 minuter + nedkylningstid |
Måltider: 5

Ingredienser

2 pund räkor, rensade och skalade
1 dl tomatpuré
2 msk pepparrotssås
1 tsk citronsaft
1 tsk Tabascosås
Salt och svartpeppar efter smak

Instruktion

Förbered en bain-marie och ställ i vakuum. Ställ in på 137 F. Placera räkor i en vakuumförslutbar påse. Släpp ut luften genom att krama ur vattnet, stäng och doppa påsen i badkaret. Koka i 30 minuter.

När timern stannar, ta bort påsen och överför den till ett isvattenbad i 10 minuter. Kyl i kylen i 1 till 6 timmar. Blanda tomatpuré, pepparrotssås, soja, citronsaft, tabascosås, salt och peppar väl. Servera räkorna med såsen.

Havsblad med schalottenlök och dragon

Beredningstid + tillagningstid: 50 minuter | Måltider: 2

Ingredienser:

2 pund hälleflundrafiléer
3 kvistar dragonblad
1 tsk vitlökspulver
1 tsk lökpulver
Salt och vitpeppar efter smak
2 ½ tsk + 2 tsk smör
2 schalottenlök, skalade och halverade
2 timjankvistar
Citronskivor till dekoration

instruktion:

Gör ett vattenbad, vakuumförslut det och ställ in det på 124 F. Skär hälleflundrafiléerna i 3 bitar och gnid in med salt, vitlökspulver, lökpulver och peppar. Lägg filéer, dragon och 2½ tsk smör i 3 separata återförslutbara påsar. Släpp ut luften genom att pressa vattnet och stäng påsarna. Lägg dem i ett vattenbad och koka i 40 minuter.

När klockan stannar, ta bort och öppna påsarna. Sätt pannan på låg värme och tillsätt resten av smöret. När den är uppvärmd tar du bort huden från hälleflundran och torkar den. Tillsätt hälleflundran med schalottenlök och timjan och fräs tills det är knaprigt ovanpå och i botten. Garnera med citronskivor. Servera med ångade grönsaker.

Citronört torksmör

Förberedelse + tillagningstid: 37 minuter | Måltider: 6

Ingredienser

8 matskedar smör
6 torskfiléer
Salt och svartpeppar efter smak
Skal av ½ citron
1 msk hackad färsk dill
½ msk hackad färsk gräslök
½ msk hackad färsk basilika
½ msk hackad färsk salvia

Instruktion

Förbered en bain-marie och ställ i vakuum. Ställ in på 134 F. Krydda torsken med salt och peppar. Lägg torsken och citronskalet i en vakuumpåse.

Lägg smör, hälften av dillen, gräslök, basilika och salvia i en separat vakuumförseglad påse. Släpp ut luften genom att klämma på vattnet, förslut och doppa båda påsarna i ett vattenbad. Koka i 30 minuter.

När timern stannar tar du bort torsken och torkar den med en trasa. Häll av matlagningsjuicerna. Ta bort smöret från den andra påsen och häll det över torsken. Garnera med resterande dill.

Doft av Nantais smör

Beredningstid + tillagningstid: 45 minuter | Måltider: 6

Ingredienser:

konsolidator:

2 pund havabborre, skuren i 3 bitar

1 tesked spiskumminpulver

½ tsk vitlökspulver

½ tesked lökpulver

½ tesked pulveriserad koriander

¼ kopp fiskkrydda

¼ kopp valnötsolja

Salt och vitpeppar efter smak

Vitt smör:

1 pund smör

2 matskedar äppelcidervinäger

2 schalottenlök, hackade

1 tsk mald peppar

5 uns tung grädde,

Salt att smaka

2 kvistar dill

1 matsked citronsaft

1 matsked saffranspulver

instruktion:

Gör en bain-marie, lägg den i Sous Vide och ställ in den på 132 F. Krydda grouperbitarna med salt och vitpeppar. Lägg i en vakuumförseglad påse, töm på luften genom att ersätta vatten, förslut och sänk ned påsen i ett vattenbad. Ställ in timern på 30 minuter. Blanda spiskummin, vitlök, lök, koriander och fiskkrydda. Lägg åtsidan.

Förbered under tiden det vita smöret. Sätt pannan på medelhög värme och tillsätt schalottenlök, vinäger och peppar. Förbered dig på att få en sirap. Sänk värmen till låg och tillsätt smöret under konstant omrörning. Tillsätt dill, citronsaft och saffranspulver under konstant omrörning och koka i 2 minuter. Tillsätt grädden och smaka av med salt. Koka i 1 minut. Stäng av värmen och ställ åt sidan.

När timern stannar, ta bort och öppna påsen. Sätt pannan på medelvärme, tillsätt valnötsoljan. Torka av huden, krydda med en blandning av kryddor och stek i het olja. Servera havsabborren och Nantais-smöret med den stekta spenaten.

Tonfiskflingor

Förberedelsetid + tillagningstid: 1h45 | Måltider: 4

Ingredienser:

¼ pund tonfiskbiff
1 tsk rosmarinblad
1 tsk timjanblad
2 glas olivolja
1 vitlöksklyfta, hackad

instruktion:

Gör ett vattenbad, lägg Sous Vide i den och ställ in den på 135 F. Placera tonfiskstek, salt, rosmarin, vitlök, timjan och två matskedar olja i en förseglad påse under tom. Släpp ut luften genom att tränga undan vattnet, förslut och doppa påsen i ett vattenbad. Ställ in timern på 1 timme och 30 minuter.

Ta bort påsen när timern stannar. Lägg tonfisken i en skål och ställ åt sidan. Sätt pannan på hög värme, tillsätt resten av olivoljan. Efter uppvärmning, häll över tonfisken. Strimla tonfisken med två gafflar. Överför och förvara i en lufttät behållare med olivolja i upp till en vecka. Serveras som sallad.

Smörade pilgrimsmusslor

Beredningstid + tillagningstid: 55 minuter | Måltider: 3

Ingredienser:

½ pund pilgrimsmusslor
3 tsk smör (2 tsk för stekning + 1 tsk för stekning)
Salt och svartpeppar efter smak

instruktion:

Gör ett vattenbad, lägg Sous Vide i det och ställ in det på 140 F. Torka pilgrimsmusslorna med en pappershandduk. Lägg musslorna, salt, 2 msk smör och peppar i en återförslutbar påse. Släpp ut luften genom att flytta vattnet, förslut och doppa påsen i vattenbadet och ställ in timern på 40 minuter.

När timern stannar, ta bort och öppna påsen. Torka av pilgrimsmusslorna med hushållspapper och ställ åt sidan. Sätt pannan på medelhög värme och tillsätt resten av smöret. När de smält, stek musslorna på båda sidor tills de är gyllenbruna. Serveras med en blandning av smörade grönsaker.

Mynta sardiner

Förberedelsetid + tillagningstid: 1h20 | Måltider: 3

Ingredienser:

2 pund sardiner
¼ kopp olivolja
3 vitlöksklyftor, krossade
1 stor citron, färskpressad
2 kvistar färsk mynta
Salt och svartpeppar efter smak

instruktion:

Tvätta och rengör varje fisk, men låt skinnet sitta kvar. Torka med absorberande papper.

I en stor skål, kombinera olivolja, vitlök, citronsaft, färsk mynta, salt och peppar. Lägg sardinerna med marinaden i en stor vakuumpåse. Koka i bain-marie i en timme vid 104 F. Ta bort från badet och låt rinna av, men behåll såsen. Häll såsen över fisken och ångad purjolök.

Havsruda i vitt vin

Beredningstid + tillagningstid: 2 timmar | Måltider: 2

Ingredienser:

1 pund havsruda, ca 1 tum tjock, rensad
1 kopp extra virgin olivolja
1 citron, pressad juice
1 matsked socker
1 msk torkad rosmarin
½ tsk torkad oregano
2 vitlöksklyftor, krossade
½ kopp vitt vin
1 tsk havssalt

instruktion:

I en stor skål, kombinera olivolja, citronsaft, socker, rosmarin, oregano, pressad vitlök, vin och salt. Doppa fisken i denna blandning och marinera i kylen i en timme. Ta ut ur kylen och sila, men spara vätskan till servering. Lägg filéerna i en stor vakuumpåse och förslut. Koka sous vide i 40 minuter vid 122 F. Häll den återstående marinaden över filéerna och servera.

Lax- och kålsallad med avokado

Förberedelse + tillagningstid: 1 timme | Måltider: 3

Ingredienser:

1 pund skinnfria laxfiléer
Salt och svartpeppar efter smak
½ ekologisk citron, pressad
1 matsked olivolja
1 dl kålblad, hackade
½ kopp rostade morötter, skivade
Skär hälften av en mogen avokado i små tärningar
1 msk färsk dill
1 msk färsk persiljekvistar

instruktion:

Krydda filén med salt och peppar på båda sidor och lägg den i en stor sous vide-påse. Stäng påsen och koka sous vide i 40 minuter vid 122 F. Ta bort laxen från bain-marie och ställ åt sidan.

Blanda citronsaften, en nypa salt och svartpeppar i en mixerskål och tillsätt gradvis olivoljan under konstant omrörning. Tillsätt den hackade kålen och rör om så att den är väl täckt med dressingen. Tillsätt rostade morötter, avokado, dill och persilja. Rör om försiktigt för att kombinera. Lägg över i en skål och servera med laxen ovanpå.

Ingefära lax

Beredningstid + tillagningstid: 45 minuter | Måltider: 4

Ingredienser:

4 laxfiléer med skinn
2 matskedar sesamolja
1½ olivolja
2 msk riven ingefära
2 matskedar socker

instruktion:

Gör ett vattenbad, lägg Sous Vide i det och ställ in det på 124F. Salta och peppra laxen. Lägg resten av ingredienserna i en skål och blanda.

Lägg lax-sockerblandningen i två vakuumförseglade påsar, töm på luften med vattenförträngningsmetod, förslut och sänk ned påsen i ett vattenbad. Ställ in timern på 30 minuter.

När timern stannar, ta bort och öppna påsen. Sätt pannan på medelvärme, lägg en plåt bakplåtspapper på botten och värm upp. Tillsätt laxen med skinnsidan nedåt och koka i 1 minut vardera. Servera med smörad broccoli.

Musslor med färsk limejuice

Beredningstid + tillagningstid: 40 minuter | Måltider: 2

Ingredienser:

1 pund färska hårlösa musslor
1 medelstor lök, skalad och finhackad
En vitlöksklyfta, krossad
½ dl färskpressad limejuice
¼ kopp färsk persilja, finhackad
1 msk finhackad rosmarin
2 matskedar olivolja

instruktion:

Lägg musslorna i en stor vakuumpåse med limejuice, vitlök, lök, persilja, rosmarin och olivolja. Koka sous vide i 30 minuter vid 122 F. Servera med en grönsallad.

Örtmarinerade tonfiskbiffar

Förberedelsetid + tillagningstid: 1h25 | Måltider: 5

Ingredienser:

2 pund tonfiskbiffar, ca 1 tum tjocka
1 tsk torkad timjan, mald
1 tsk färsk basilika, finhackad
¼ kopp finhackad schalottenlök
2 msk färsk persilja, finhackad
1 msk färsk dill, finhackad
1 tsk nyrivet citronskal
½ dl sesamfrön
4 matskedar olivolja
Salt och svartpeppar efter smak

instruktion:

Tvätta tonfiskfiléerna under kallt vatten och torka dem med hushållspapper. Lägg åtsidan.

I en stor skål, kombinera timjan, basilika, schalottenlök, persilja, dill, olja, salt och peppar. Rör om tills de är väl blandade, doppa sedan biffarna i denna marinad. Täck ordentligt och ställ i kylen i 30 minuter.

Lägg de marinerade biffarna i en stor vakuumpåse. Krama på påsen för att driva ut luft och stäng locket. Koka en sous vide i 40 minuter i 131 grader.

Ta ut biffarna ur påsen och lägg dem på hushållspapper. Torka försiktigt och ta bort örterna. Värm pannan över hög värme. Klä biffarna med sesam och lägg över i pannan. Bryn i 1 minut på varje sida och ta bort från värmen.

Krabbköttsbiffar

Beredningstid + tillagningstid: 65 minuter | Måltider: 4

Ingredienser:

1 pund krabbaköttbitar
1 dl rödlök, finhackad
½ dl röd paprika, finhackad
2 msk chilipeppar, finhackad
1 msk bladselleri, finhackad
1 msk finhackad persilja
½ tsk dragon, finhackad
Salt och svartpeppar efter smak
4 matskedar olivolja
2 matskedar mandelmjöl
3 ägg, vispade

instruktion:

Hetta upp 2 msk olivolja i en panna och tillsätt löken. Rör hela tiden, koka tills det är glasigt och tillsätt hackad röd paprika och chili. Koka i 5 minuter, rör hela tiden.

Överför till ett stort fat. Tillsätt krabbakött, selleri, persilja, dragon, salt, peppar, mandelmjöl och ägg. Blanda väl och forma kotletter med en diameter på 2 cm från massan. Fördela köttbullarna försiktigt mellan 2 vakuumpåsar och förslut dem. Koka sous vide i 40 minuter vid 122 F.

Värm den återstående olivoljan i en non-stick panna på hög värme. Ta bort köttbullarna från vattenbadet och lägg dem i kastrullen. Stek kort på båda sidor i 3-4 minuter och servera.

Pepparn smälter

Förberedelsetid + tillagningstid: 1h15 | Måltider: 5

Ingredienser:

1 pund färska parfymer
½ dl citronsaft
3 vitlöksklyftor, krossade
1 tesked salt
1 kopp extra virgin olivolja
2 msk färsk dill, finhackad
1 msk gräslök, hackad
1 msk chilipeppar, mald

instruktion:

Skölj malten under kallt rinnande vatten och rinna av den. Lägg åtsidan.

I en stor skål, kombinera olivolja, citronsaft, pressad vitlök, havssalt, finhackad dill, hackad gräslök och chilipeppar. Häll en matsked i denna blandning och täck. Ställ i kylen i 20 minuter.

Ta ut ur kylen och lägg med marinaden i en stor vakuumpåse. Koka sous vide i 40 minuter vid 104 F. Ta bort från vattenbadet och låt rinna av, men behåll vätskan.

Värm en stor stekpanna över medelvärme. Tillsätt konjaken och koka kort i 3-4 minuter, vänd. Ta av från värmen och överför till en serveringsfat. Häll marinaden över och servera genast.

Marinerade havskattfiléer

Förberedelsetid + tillagningstid: 1h20 | Måltider: 3

Ingredienser:

1 pund havskattfiléer

½ dl citronsaft

½ dl persilja, finhackad

2 vitlöksklyftor, krossade

1 dl lök, finhackad

1 msk färsk dill, finhackad

1 msk färska rosmarinblad, fint hackade

2 dl färskpressad äppeljuice

2 matskedar dijonsenap

1 kopp extra virgin olivolja

instruktion:

I en stor skål kombinerar du citronsaft, persilja, hackad vitlök, finhackad lök, färsk dill, rosmarin, äppeljuice, senap och olivolja. Rör om tills det är väl blandat. Blötlägg filéerna i denna blandning och täck med ett tättslutande lock. Förvara i kylen i 30 minuter.

Ta ut ur kylen och lägg i 2 vakuumförslutna påsar. Täck över och koka sous vide i 40 minuter vid 122 F. Ta bort och låt rinna av; reservvätska. Servera med egen vätska.

Persilja räkor med citron

Beredningstid + tillagningstid: 35 minuter | Måltider: 4

Ingredienser:

12 stora räkor, skalade och skurna i bitar
1 tesked salt
1 tsk socker
3 teskedar olivolja
1 lagerblad
1 kvist persilja, hackad
2 msk citronskal
1 matsked citronsaft

instruktion:

Gör ett vattenbad, placera Sous Vide i den och ställ in den på 156 F. Tillsätt räkor, salt och socker i skålen, blanda och låt stå i 15 minuter. Lägg räkor, lagerblad, olivolja och citronskal i en vakuumpåse. Släpp ut luft genom vattenförskjutning och tätningsmetod. Doppa i badet och koka i 10 minuter. När timern stannar, ta bort och öppna påsen. Strö över räkor och strö över citronsaft.

Vakuumförpackad hälleflundra

Förberedelsetid + tillagningstid: 1h20 | Måltider: 4

Ingredienser:

1 pund hälleflundrafiléer
3 matskedar olivolja
¼ kopp schalottenlök, finhackad
1 tsk nyrivet citronskal
½ tsk torkad timjan, mald
1 msk färsk persilja, finhackad
1 tsk färsk dill, finhackad
Salt och svartpeppar efter smak

instruktion:

Tvätta fisken under kallt rinnande vatten och torka av med en pappershandduk. Skär i tunna skivor, strö över salt och peppar. Lägg i en stor återförslutningsbar påse och tillsätt två matskedar olivolja. Krydda med schalottenlök, timjan, persilja, dill, salt och peppar.

Krama på påsen för att driva ut luft och stäng locket. Skaka påsen för att täcka alla filéer med krydda och ställ i kylen i 30 minuter innan tillagning. Koka sous vide i 40 minuter vid 131 F.

Ta upp påsen ur vattnet och ställ i kylen en stund. Lägg på absorberande papper och låt rinna av. Ta bort örterna.

Hetta upp den återstående oljan i en stor stekpanna på hög värme. Lägg i filéerna och bryn i 2 minuter. Vänd filéerna och koka i cirka 35 till 40 sekunder, ta sedan av från värmen. Lägg tillbaka fisken på det absorberande pappret och ta bort överflödigt fett. Servera omedelbart.

Citronsmör salt

Beredningstid + tillagningstid: 45 minuter | Måltider: 3

Ingredienser:

3 filéer tunga
1 ½ msk osaltat smör
¼ kopp citronsaft
½ tsk citronskal
Citronpeppar efter smak
1 kvist persilja till dekoration

instruktion:

Gör ett vattenbad, lägg Sous Vide i det och ställ in det på 132 F. Torka sulan och placera den i 3 separata vakuumpåsar. Släpp ut luften genom att pressa vattnet och stäng påsarna. Blötlägg i vattenbad och ställ in timern på 30 minuter.

Sätt en liten stekpanna på medelvärme, tillsätt smöret. Ta bort från värmen efter smältning. Tillsätt citronsaft och citronskal och blanda.

När timern stannar, ta bort och öppna påsen. Lägg upp havsrudafiléerna på tallrikar, ringla över smörsås och strö över persilja. Servera med ångade gröna grönsaker.

Basilikagryta

Beredningstid + tillagningstid: 50 minuter | Måltider: 4

Ingredienser:

1 pund torskfiléer
1 kopp kokta tomater
1 msk basilika, torkad
1 dl fiskbuljong
2 matskedar tomatpuré
3 stjälkar selleri, finhackad
1 morot, hackad
¼ kopp olivolja
1 lök, finhackad
½ kopp svamp

instruktion:

Hetta upp olivoljan i en stor stekpanna på medelvärme. Tillsätt selleri, lök och morot. Bryn i 10 minuter, rör om. Ta bort från värmen och överför till en vakuumförseglad påse med de återstående ingredienserna. Koka sous vide i 40 minuter vid 122 F.

Enkel tilapia

Förberedelsetid + matlagning: 1h10 | Måltider: 3

Ingredienser

3 (4 uns) tilapiafiléer
3 matskedar smör
1 matsked äppelcidervinäger
Salt och svartpeppar efter smak

instruktion:

Förbered ett vattenbad, lägg Sous Vide i den och ställ in den på 124 F. Krydda tilapiaen med peppar och salt och lägg den i en vakuumförseglad påse. Släpp ut luften genom att krama ur vattnet och stäng påsen. Sänk ned den i ett vattenbad och ställ in timern på 1 timme.

När timern stannar, ta bort och öppna påsen. Ställ kastrullen på medelvärme och tillsätt smör och vinäger. Koka under konstant omrörning tills vinägern reduceras till hälften. Tillsätt tilapia och bryn lätt. Smaka av med salt och peppar om det behövs. Servera med smörade grönsaker.

Lax Med Sparris

Förberedelsetid + matlagning: 3h15 | Måltider: 6

Ingredienser:

1 pund vild laxfilé
1 matsked olivolja
1 msk torkad oregano
12 medelstora sparrisar
4 skivor vitlök
1 matsked färsk persilja
Salt och svartpeppar efter smak

instruktion:

Krydda filén på båda sidor med oregano, salt och peppar och ringla lätt över olivolja.

Lägg i en stor lufttät burk med resten av ingredienserna. Blanda alla kryddor i en skål. Fördela blandningen jämnt på båda sidor av steken och lägg den i en stor lufttät påse. Förslut påsen och koka sous vide i 3 timmar vid 136F.

Makrill curry

Beredningstid + tillagningstid: 55 minuter | Måltider: 3

Ingredienser:

3 huvudlösa makrillfiléer
3 matskedar currypasta
1 matsked olivolja
Salt och svartpeppar efter smak

instruktion:

Gör ett vattenbad, lägg den i Sous Vide och ställ in den på 120 F. Krydda makrillen med peppar och salt och lägg den i en sous videpåse. Släpp ut luften genom att röra på vattnet, stäng och doppa i ett vattenbad och ställ in timern på 40 minuter.

När timern stannar, ta bort och öppna påsen. Sätt pannan på medelvärme, tillsätt olivoljan. Bred ut makrillcurryn (torka inte makrillen)

Medan den fortfarande är varm, tillsätt makrillen och stek tills den är gyllenbrun. Servera med ångade gröna bladgrönsaker.

Bläckfisk med rosmarin

Förberedelsetid + tillagning: 1h15 | Måltider: 3

Ingredienser:

1 pund färsk, hel bläckfisk
½ kopp extra virgin olivolja
1 msk Himalaya rosa salt
1 msk torkad rosmarin
3 vitlöksklyftor, krossade
3 körsbärstomater, halverade

instruktion:

Skölj varje bläckfisk noggrant under rinnande vatten. Ta bort huvudena med en vass kniv och rengör varje bläckfisk.

I en stor skål, kombinera olivoljan med salt, torkad rosmarin, körsbärstomater och pressad vitlök. Doppa bläckfisken i denna blandning och ställ i kylen i 1 timme. Ta sedan bort och dränera. Lägg bläckfisken och körsbärstomaterna i en stor vakuumpåse. Koka sous vide i en timme vid 136 F.

Citronstekta räkor

Beredningstid + tillagningstid: 50 minuter | Måltider: 3

Ingredienser:

1 pund räkor, skalade och deveirade
3 matskedar olivolja
½ dl färskpressad citronsaft
1 vitlöksklyfta, krossad
1 tsk krossad färsk rosmarin
1 tsk havssalt

instruktion:

Blanda olivoljan med citronsaft, pressad vitlök, rosmarin och salt. Pensla varje räka med blandningen och lägg i en stor vakuumförseglad påse. Koka sous vide i 40 minuter vid 104 F.

Grillad bläckfisk

Förberedelse + tillagningstid: 5h20 | Måltider: 3

Ingredienser:

½ pund medelstora bläckfisktentakler, blancherade
Salt och svartpeppar efter smak
3 msk + 3 msk olivolja
2 tsk torkad oregano
2 kvistar färsk persilja, hackad
Is för ett isbad

instruktion:

Gör ett vattenbad, lägg Sous Vide i det och ställ in det på 171F.

Lägg bläckfisken, saltet, 3 tsk olivolja och peppar i en vakuumpåse. Släpp ut luften genom att tränga undan vattnet, förslut och doppa påsen i ett vattenbad. Ställ in timern på 5 timmar.

När timern stannar, ta bort påsen och täck den med ett isbad. Lägg åtsidan. Förvärm grillen.

När grillen är varm, överför bläckfisken till en tallrik, tillsätt 3 matskedar olivolja och massera in. Grilla bläckfisken tills den fått fin färg på alla sidor. Strö över bläckfisken och garnera med persilja och oregano. Servera med en söt och kryddig sås.

Vilda laxbiffar

Förberedelsetid + tillagningstid: 1h25 | Måltider: 4

Ingredienser:

2 pund vildlaxbiffar
3 vitlöksklyftor, krossade
1 msk färsk rosmarin, finhackad
1 msk färskpressad citronsaft
1 msk färskpressad apelsinjuice
1 tsk apelsinskal
1 tsk Himalaya rosa salt
1 dl fiskbuljong

instruktion:

Blanda apelsinjuicen med citronsaft, rosmarin, vitlök, apelsinskal och salt. Klä varje biff med blandningen och ställ i kylen i 20 minuter. Överför till en stor återförslutningsbar påse och tillsätt fiskbuljongen. Stäng påsen och koka sous vide i 50 minuter vid 131F.

Förvärm en stor nonstick-grillpanna. Ta ut biffarna från sous videpåsen och grilla i 3 minuter på varje sida, tills de fått lite färg.

Tilapia gryta

Beredningstid + tillagningstid: 65 minuter | Måltider: 3

Ingredienser:

1 pund tilapiafiléer

½ dl lök, finhackad

1 dl morötter, fint hackade

½ dl korianderblad, fint hackade

3 vitlöksklyftor, fint hackade

1 dl grön paprika, finhackad

1 tsk italiensk krydda

1 tsk cayennepeppar

½ tesked chilipeppar

1 kopp färsk tomatjuice

Salt och svartpeppar efter smak

3 matskedar olivolja

instruktion:

Hetta upp olivoljan på medelvärme. Tillsätt den hackade löken och fräs under ständig omrörning tills den är genomskinlig.

Tillsätt nu paprika, morot, vitlök, koriander, italiensk kryddblandning, cayennepeppar, chilipeppar, salt och svartpeppar. Blanda väl och koka i ytterligare tio minuter.

Ta bort från värmen och överför till en stor återförslutningsbar påse med tomatjuice och tilapiafiléer. Koka sous vide i 50 minuter vid 122 F. Ta bort från bain-marie och servera.

Smörmusslor med pepparbollar

Förberedelsetid + tillagningstid: 1h30 | Måltider: 2

Ingredienser:

4 uns konserverade musslor

¼ kopp torrt vitt vin

1 stjälk selleri, hackad

1 palsternacka, tärnad

1 schalottenlök skuren i fjärdedelar

1 lagerblad

1 msk svartpepparkorn

1 matsked olivolja

8 matskedar smör, rumstemperatur

1 msk hackad färsk persilja

2 vitlöksklyftor, hackade

Salt att smaka

1 tsk nymalen svartpeppar

¼ kopp Panko ströbröd

1 baguette, skivad

instruktion:

Förbered en bain-marie och ställ i vakuum. Ställ in på 154 F. Lägg musslor, schalottenlök, selleri, palsternacka, vin, pepparkorn, olivolja och lagerblad i en återförslutningsbar påse. Släpp ut luften genom att tränga undan vattnet, förslut och doppa påsen i ett vattenbad. Koka i 60 minuter.

Använd en mixer och tillsätt smör, persilja, salt, vitlök och mald peppar. Blanda på medelhastighet för att kombinera. Lägg blandningen i en plastpåse och rulla ihop den. Ställ in i kylen och låt svalna.

När timern stannar tar du bort sniglarna och grönsakerna. Häll av matlagningsjuicerna. Värm pannan över hög värme. Pensla skalen med smör, strö över ströbröd och koka i 3 minuter tills de smält. Servera med varma baguetteskivor.

Koriander öring

Beredningstid + tillagningstid: 60 minuter | Måltider: 4

Ingredienser:

2 pund öring, 4 stycken
5 vitlöksklyftor
1 matsked havssalt
4 matskedar olivolja
1 dl korianderblad, fint hackade
2 msk finhackad rosmarin
¼ kopp färskpressad citronsaft

instruktion:

Rensa och skölj fisken väl. Torka av med hushållspapper och strö över salt. Blanda vitlöken med olivolja, koriander, rosmarin och citronsaft. Fyll varje fisk med blandningen. Lägg i individuella vakuumförseglade påsar och förslut tätt. Koka sous vide i 45 minuter vid 131F.

Bläckfiskringar

Förberedelsetid + tillagningstid: 1h25 | Måltider: 3

Ingredienser:

2 koppar bläckfiskringar
1 msk färsk rosmarin
Salt och svartpeppar efter smak
½ kopp olivolja

instruktion:

Kasta bläckfiskskivorna med rosmarin, salt, peppar och olivolja i en stor, ren plastpåse. Stäng påsen och skaka den flera gånger för att försluta väl. Överför till en stor vakuumförseglad behållare och förslut påsen. Koka sous vide i 1 timme och 10 minuter vid 131 F. Ta bort från bain-marie och servera.

Chilisallad med räkor och avokado

Beredningstid + tillagningstid: 45 minuter | Måltider: 4

Ingredienser:

1 hackad rödlök

Saften av 2 limefrukter

1 tsk olivolja

¼ tesked havssalt

⅛ tesked vitpeppar

1 pund råa räkor, skalade och deveirade

1 skiva tomat

1 tärnad avokado

1 grön chilipeppar, kärnad och tärnad

1 msk hackad koriander

instruktion:

Förbered en bain-marie och ställ i vakuum. Ställ in på 148F.

Lägg limejuice, rödlök, havssalt, vitpeppar, olivolja och räkor i en återförslutbar påse. Släpp ut luften genom att tränga undan vattnet, förslut och doppa påsen i ett vattenbad. Koka i 24 minuter.

När timern stannar, ta bort påsen och överför den till ett isvattenbad i 10 minuter. Blanda tomater, avokado, grön paprika och koriander i en skål. Häll innehållet i påsen uppåt.

Smörröd smördeg med citrussaffranssås

Beredningstid + tillagningstid: 55 minuter | Måltider: 4

Ingredienser

4 bitar rengjord korv

2 matskedar smör

Salt och svartpeppar efter smak

<u>Till citronsåsen</u>

1 citron

1 grapefrukt

1 lime

3 apelsiner

1 tsk dijonsenap

2 matskedar rapsolja

1 gul lök

1 zucchini, tärnad

1 tsk saffranstråd

1 tsk hackad chilipeppar

1 matsked socker

3 koppar fiskbuljong

3 matskedar hackad koriander

Instruktion

Förbered en bain-marie och ställ i vakuum. Ställ in på 132 F. Krydda ryggfiléerna med salt och peppar och lägg dem i en vakuumförseglad påse. Släpp ut luften genom att tränga undan vattnet, förslut och doppa påsen i ett vattenbad. Koka i 30 minuter.

Skala frukterna och skär dem i tärningar. Hetta upp oljan i en stekpanna på medelvärme och tillsätt löken och zucchinin. Stek i 2-3 minuter. Tillsätt frukt, saffran, peppar, senap och socker. Koka 1 minut till. Tillsätt fiskbuljongen och koka i 10 minuter. Garnera med koriander och ställ åt sidan. När timern stannar, ta bort fisken och lägg den på en tallrik. Häll i citrus- och saffranssåsen och servera.

Torskfilé belagd med sesam

Beredningstid + tillagningstid: 45 minuter | Måltider: 2

Ingredienser

1 stor torskfilé
2 matskedar sesampasta
1½ tsk farinsocker
2 matskedar fisksås
2 matskedar smör
sesamfrön

Instruktion

Förbered en bain-marie och ställ i vakuum. Ställ in på 131F.

Doppa torsken i en blandning av farinsocker, sesampasta och fisksås. Lägg i en vakuumförseglad påse. Släpp ut luften genom att tränga undan vattnet, förslut och doppa påsen i ett vattenbad. Koka i 30 minuter. Smält smöret i en stekpanna på medelvärme.

När timern stannar, ta bort torsken och överför den till pannan och koka i 1 minut. Servera på ett fat. Häll matlagningsjuicerna i pannan och koka tills den reducerats. Tillsätt 1 msk smör och blanda. Häll såsen över torsken och garnera med sesamfrön. Servera med ris.

Krämig lax med spenat och senapssås

Beredningstid + tillagningstid: 55 minuter | Måltider: 2

jagIngredienser

4 skinnfria laxfiléer

1 stort knippe spenat

½ kopp dijonsenap

1 kopp tung grädde

1 kopp halv och halv gräddfil

1 matsked citronsaft

Salt och svartpeppar efter smak

Instruktion

Förbered en bain-marie och ställ i vakuum. Ställ in på 115 F. Lägg den kryddade laxen i en vakuumförseglad påse. Släpp ut luften genom att tränga undan vattnet, förslut och doppa påsen i ett vattenbad. Koka i 45 minuter.

Värm pannan på medelvärme och koka spenaten tills den vissnat. Sänk värmen och tillsätt citronsaft, peppar och salt. Fortsätt laga mat. Värm en stekpanna på medelvärme och blanda hälften och hälften med gräddfil och dijonsenap. Sänk värmen och koka. Krydda med salt och peppar. När timern stannar tar du bort laxen och lägger den på en tallrik. Häll såsen över. Servera med spenat.

Pepprade musslor med färsk sallad

Beredningstid + tillagningstid: 55 minuter | Måltider: 4

Ingredienser

1 pund pilgrimsmusslor

1 tsk vitlökspulver

½ tesked lökpulver

½ tsk paprika

¼ tesked cayennepeppar

Salt och svartpeppar efter smak

sallad

3 dl majskärnor

½ liter körsbärstomater halverade

1 röd paprika, tärnad

2 msk hackad färsk persilja

Klänning

1 matsked färsk basilika

1 citron, i fjärdedelar

Instruktion

Förbered en bain-marie och ställ i vakuum. Ställ in på 122F.

Lägg musslorna i en vakuumpåse. Krydda med salt och peppar. Blanda vitlökspulver, paprika, lökpulver och cayennepeppar i en skål. Häll i. Släpp ut luften genom att tränga undan vattnet, förslut och doppa påsen i ett vattenbad. Koka i 30 minuter.

Värm under tiden ugnen till 400 F. Placera majskärnorna och röd paprika i en ugnsform. Ringla över olivolja och smaka av med salt och peppar. Koka i 5-10 minuter. Lägg över i en skål och blanda med persiljan. Blanda vinägrettingredienserna väl i en skål och häll över majskärnorna.

När timern stannar, ta bort påsen och överför den till den varma pannan. Stek i 2 minuter på varje sida. Serveras på tallrik, musslor och sallad. Garnera med basilika och en fjärdedel citron.

Läckra mangomusslor

Beredningstid + tillagningstid: 50 minuter | Måltider: 4

Ingredienser

1 pund stora pilgrimsmusslor

1 matsked smör

<u>sås</u>

1 matsked citronsaft

2 matskedar olivolja

<u>Dekorera</u>

1 msk citronskal

1 msk apelsinskal

1 dl hackad mango

1 Serrano-peppar, tunt skivad

2 msk hackade myntablad

Instruktion

Lägg musslorna i en vakuumpåse. Krydda med salt och peppar. Låt svalna över natten i kylen. Förbered en bain-marie och ställ i vakuum. Ställ in på 122 F. Släpp ut luften genom att tränga undan vattnet, försegla och sänk ned påsen i ett vattenbad. Koka 15-35 minuter.

Värm pannan på medelvärme. Blanda ingredienserna till såsen väl i en skål. När timern stannar, ta bort pilgrimsmusslorna och överför dem till pannan och koka tills de är gyllenbruna. Servera på ett fat. Häll såsen och tillsätt ingredienserna till dekoration.

Purjolök och räkor med senapsvinägrett

Förberedelsetid + tillagningstid: 1h20 | Måltider: 4

jagIngredienser

6 underlöjtnant
5 matskedar olivolja
Salt och svartpeppar efter smak
1 schalottenlök, hackad
1 matsked risvinäger
1 tsk dijonsenap
1/3 pund kokta räkor
Hackad färsk persilja

Instruktion

Förbered en bain-marie och ställ i vakuum. Ställ in på 183F.

Skär toppen av porerna och ta bort botten. Skölj dem med kallt vatten och ringla över dem med 1 msk olivolja. Krydda med salt och peppar. Lägg i en vakuumförseglad påse. Släpp ut luften genom att tränga undan vattnet, förslut och doppa påsen i ett vattenbad. Koka i 1 timme.

Under tiden, för att göra vinägretten, kombinera schalottenlök, dijonsenap, vinäger och 1/4 kopp olivolja i en skål. Krydda med salt och peppar. När timern stannar, ta bort påsen och överför den till isvattenbadet. Vi låter det svalna. Fördela purjolöken på 4 tallrikar och strö över salt. Tillsätt räkorna och häll i vinägretten. Garnera med persilja.

Kokossoppa med räkor

Beredningstid + tillagningstid: 55 minuter | Måltider: 6

Ingredienser

8 stora råa räkor, skalade och urkärnade

1 matsked smör

Salt och svartpeppar efter smak

<u>Till soppan</u>

1 pund zucchini

4 matskedar citronsaft

2 gula lökar, hackade

1-2 små röda paprikor, fint hackade

1 stjälk citrongräs, endast den vita delen, hackad

1 tsk räkpasta

1 tsk socker

1½ koppar kokosmjölk

1 tsk tamarindpasta

1 glas vatten

½ dl kokosgrädde

1 matsked fisksås

2 msk färsk basilika, hackad

Instruktion

Förbered en bain-marie och ställ i vakuum. Ställ in på 142 F. Placera räkor och smör i en vakuumförseglad påse. Krydda med salt och peppar. Släpp ut luften genom att tränga undan vattnet, förslut och doppa påsen i ett vattenbad. Koka 15-35 minuter.

Skala under tiden zucchinin och ta bort fröna. Skär i tärningar. Tillsätt lök, citrongräs, chilipeppar, räkpasta, socker och 1/2 kopp kokosmjölk i en matberedare. Mixa till en puré.

Värm pannan på låg värme och rör ner löken, resterande kokosmjölk, tamarindpasta och vatten. Tillsätt zucchinin och koka i 10 minuter.

När timern stannar tar du bort räkorna och lägger dem i buljongen. Vispa ihop kokosgrädde, limejuice och basilika. Servera i soppskålar.

Honungslax med soba nudlar

Beredningstid + tillagningstid: 40 minuter | Måltider: 4

Ingredienser

<u>Lax</u>

6 uns skinn på laxfiléer

Salt och svartpeppar efter smak

1 tsk sesamolja

1 kopp olivolja

1 msk färsk ingefära, riven

2 matskedar honung

<u>Sesamrum</u>

4 uns torra sobanudlar

1 msk druvkärneolja

2 vitlöksklyftor, hackade

½ blomkålshuvud

3 matskedar tahini

1 tsk sesamolja

2 matskedar olivolja

¼ limejuice

1 sallad lök skivad

¼ kopp koriander, grovt hackad

1 tsk rostade vallmofrön

Citronskivor till dekoration

Sesam för dekoration

2 msk hackad koriander

Instruktion

Förbered en bain-marie och ställ i vakuum. Ställ in på 123 F. Krydda laxen med salt och peppar. Blanda sesamolja, olivolja, ingefära och honung i en skål. Lägg laxen och blanda i en vakuumpåse. Skaka väl. Släpp ut luften genom att tränga undan vattnet, förslut och doppa påsen i ett vattenbad. Koka i 20 minuter.

Förbered under tiden sobanudlarna. Hetta upp druvkärnoljan i en panna på hög värme och bryn blomkålen med vitlöken i 6 till 8 minuter. Blanda i en skål tahini, olivolja, sesamolja, limejuice, koriander, salladslök och rostade sesamfrön. Häll av pastan och tillsätt den i blomkålen.

Värm pannan över hög värme. Täck med bakplåtspapper. När timern stannar, ta bort laxen och överför den till pannan. Stek i 1 minut. Servera pastan i två skålar och tillsätt laxen. Garnera med limeklyftor, vallmofrön och koriander.

Läcker hummer med majonnäs

Beredningstid + tillagningstid: 40 minuter | Måltider: 2

Ingredienser

2 hummerstjärtar

1 matsked smör

2 söta lökar, hackade

3 matskedar majonnäs

Salt att smaka

En nypa svartpeppar

2 teskedar citronsaft

Instruktion

Förbered en bain-marie och ställ i vakuum. Ställ in på 138F.

Värm vatten i en kastrull på hög värme tills det kokar. Öppna hummersvansskalen och doppa dem i vatten. Koka i 90 sekunder. Överför till ett isvattenbad. Låt svalna i 5 minuter. Knäck skalen och ta bort svansarna.

Lägg de smörade stjärtarna i en vakuumpåse. Släpp ut luften genom att tränga undan vattnet, förslut och doppa påsen i ett vattenbad. Koka i 25 minuter.

När timern stannar, ta bort svansarna och torka dem. Sitt åt sidan. Låt svalna i 30 minuter. Blanda majonnäs, sötlök, peppar och citronsaft i en skål. Hacka kålrot, lägg i majonnäsblandningen och blanda väl. Serveras med rostat bröd.

Räkfestcocktail

Beredningstid + tillagningstid: 40 minuter | Måltider: 2

Ingredienser

1 pund räkor, skalade och deveirade
Salt och svartpeppar efter smak
4 matskedar färsk dill, hackad
1 matsked smör
4 matskedar majonnäs
2 msk salladslök, hackad
2 tsk färskpressad citronsaft
2 tsk tomatpuré
1 matsked tabasco
4 längsgående rullar
8 salladsblad
½ citron, skuren i åttondelar

Instruktion

Förbered en bain-marie och ställ i vakuum. Ställ in på 149 F. För smaksättning, blanda majonnäs, salladslök, citronsaft, tomatpuré och Tabascosås väl. Krydda med salt och peppar.

Lägg räkorna och kryddorna i en vakuumpåse. Tillsätt 1 msk dill och 1/2 msk smör till varje wrap. Släpp ut luften genom att tränga undan vattnet, förslut och doppa påsen i ett vattenbad. Koka i 15 minuter.

Värm ugnen till 400 F. och tillaga i 15 minuter. När timern stannar, ta bort påsen och sila. Lägg räkorna i skålen med dressingen och blanda väl. Serveras på citronsalladsrullar.

Örtad citronlax

Beredningstid + tillagningstid: 45 minuter | Måltider: 2

Ingredienser

2 skinnfria laxfiléer
Salt och svartpeppar efter smak
¾ kopp extra virgin olivolja
1 schalottenlök, skuren i tunna skivor
1 msk basilikablad, lätt hackade
1 tsk chilipeppar
3 uns blandade gröna
1 citron

Instruktion

Förbered en bain-marie och ställ i vakuum. Ställ in på 128F.

Lägg laxen och krydda med salt och peppar i en vakuumpåse. Tillsätt schalottenlökskivorna, olivolja, kryddpeppar och basilika. Släpp ut luften genom att tränga undan vattnet, förslut och doppa påsen i ett vattenbad. Koka i 25 minuter.

När timern stannar, ta bort påsen och överför laxen till en tallrik. Blanda matlagningsjuicerna med lite citronsaft och garnera med laxfiléerna. tjäna.

Hummerstjärtar med saltat smör

Förberedelsetid + matlagning: 1h10 | Måltider: 2

Ingredienser

8 matskedar smör
2 hummerstjärtar, skal borttagna
2 kvistar färsk dragon
2 matskedar salvia
Salt att smaka
Citronskivor

Instruktion

Förbered en bain-marie och ställ i vakuum. Ställ in på 134F.

Lägg hummerstjärtar, smör, salt, salvia och dragon i en återförslutningsbar påse. Släpp ut luften genom att tränga undan vattnet, förslut och doppa påsen i ett vattenbad. Koka i 60 minuter.

När timern stannar, ta bort påsen och överför hummern till en tallrik. Bred ut smöret ovanpå. Garnera med citronskivor.

Thailändsk lax med blomkål och äggnudlar

Beredningstid + tillagningstid: 55 minuter | Måltider: 2

Ingredienser

2 laxfiléer med skinn
Salt och svartpeppar efter smak
1 matsked olivolja
4½ matskedar sojasås
2 msk hackad färsk ingefära
2 thailändska chilipeppar, tunt skivade
6 matskedar sesamolja
4 uns beredda äggnudlar
6 uns kokta blomkålsbuketter
5 teskedar sesamfrön

Instruktion

Förbered en bain-marie och ställ i vakuum. Ställ in på 149 F. Förbered en bakplåt klädd med folie och lägg på laxen, krydda med salt och peppar och täck med ytterligare folie. Grädda i 30 minuter.

Ta upp den kokta laxen i en vakuumpåse. Släpp ut luften genom att tränga undan vattnet, förslut och doppa påsen i ett vattenbad. Koka i 8 minuter.

I en skål, kombinera ingefära, chilipeppar, 4 matskedar sojasås och 4 matskedar sesamolja. När timern stannar, ta bort påsen och överför laxen till nudelskålen. Garnera med rostade frön och laxzest. Ringla över chili-ingefärsås och servera.

Lätt dillhavsabborre

Beredningstid + tillagningstid: 35 minuter | Måltider: 3

Ingredienser

1 pund skinnfri chilensk havsabborre
1 matsked olivolja
Salt och svartpeppar efter smak
1 matsked dill

Instruktion

Förbered en bain-marie och ställ i vakuum. Ställ in på 134 F. Krydda havsabborren med salt och peppar och lägg den i en vakuumförseglad påse. Tillsätt dill och olivolja. Släpp ut luften genom att tränga undan vattnet, förslut och doppa påsen i ett vattenbad. Koka i 30 minuter. När timern stannar, ta bort påsen och överför havsabborren till en tallrik.

Stekta räkor med paprika

Beredningstid + tillagningstid: 40 minuter | Måltider: 6

Ingredienser

1½ pund räkor

3 torkade röda paprikor

1 msk riven ingefära

6 vitlöksklyftor, krossade

2 matskedar champagne

1 matsked sojasås

2 matskedar socker

½ tsk majsstärkelse

3 salladslökar, hackade

Instruktion

Förbered en bain-marie och ställ i vakuum. Ställ in på 135F.

Blanda ingefära, vitlöksklyftor, chilipeppar, champagne, socker, soja och majsstärkelse. Lägg de skalade räkorna med blandningen i en vakuumpåse. Släpp ut luften genom att flytta vattnet, förslut och doppa i ett vattenbad. Koka i 30 minuter.

Lägg salladslöken i en stekpanna på medelvärme. Tillsätt oljan och koka i 20 sekunder. När timern stannar, ta bort de kokta räkorna och lägg dem i en skål. Garnera med lök. Servera med ris.

Fruktig thailändsk räka

Beredningstid + tillagningstid: 25 minuter | Måltider: 4

Ingredienser

2 pund räkor, skalade och deveirade
4 bitar skalad och hackad papaya
2 schalottenlök, skivade
¾ kopp körsbärstomater, halverade
2 msk hackad basilika
¼ kopp rostade torra jordnötter

Thaisås

¼ kopp citronsaft
6 matskedar socker
5 matskedar fisksås
4 vitlöksklyftor
4 små röda paprikor

Instruktion

Förbered en bain-marie och ställ i vakuum. Ställ in på 135 F. Placera räkor i en vakuumförseglad påse. Släpp ut luften genom att tränga undan vattnet, förslut och doppa påsen i ett vattenbad. Koka i 15 minuter. Blanda limejuice, fisksås och socker väl i en skål. Krossa vitlök och chilipeppar. Lägg till dressingblandningen.

När timern stannar, ta bort räkorna från påsen och lägg dem i en skål. Tillsätt papaya, thaibasilika, schalottenlök, tomater och jordnötter. Glasera med vinägretten.

Citronräkor i Dublin-stil

Förberedelsetid + tillagningstid: 1h15 | Måltider: 4

Ingredienser

4 matskedar smör

2 matskedar citronsaft

2 klyftor färsk vitlök, hackad

1 tsk färskt citronskal

Salt och svartpeppar efter smak

1 pund jumboräkor, skalade och deveirade

½ kopp panko ströbröd

1 msk färsk persilja, hackad

Instruktion

Förbered en bain-marie och ställ i vakuum. Ställ in på 135F.

Värm 3 matskedar smör i en stekpanna på medelvärme och tillsätt limejuice, salt, peppar, vitlök och skal. Låt svalna i 5 minuter. Lägg räkorna och blanda i en vakuumpåse. Släpp ut luften genom att tränga undan vattnet, förslut och doppa påsen i ett vattenbad. Koka i 30 minuter.

Värm under tiden smöret i en stekpanna på medelvärme och bryn pankobrödsmulorna. När timern stannar, ta bort räkorna och överför dem till en kastrull på hög värme och koka dem med matlagningsjuicerna. Servera i 4 soppskålar och strö över ströbröd.

Saftiga musslor i vitlök-chilisås

Beredningstid + tillagningstid: 75 minuter | Måltider: 2

Ingredienser

2 matskedar gul curry

1 matsked tomatpuré

½ dl kokosgrädde

1 tsk varm vitlökssås

1 matsked citronsaft

6 pilgrimsmusslor

Kokt brunt ris, att servera

Färsk koriander, hackad

Instruktion

Förbered en bain-marie och ställ i vakuum. Ställ in på 134F.

Blanda ihop kokosgrädde, tomatpuré, curry, limejuice och chili-vitlökssås. Lägg musselblandningen i en vakuumförseglad påse. Släpp ut luften genom att tränga undan vattnet, förslut och doppa påsen i ett vattenbad. Koka i 60 minuter.

När timern stannar, ta bort påsen och överför den till en tallrik. Servera med brunt ris och garnera med musslor. Garnera med koriander.

Räkcurry med nudlar

Beredningstid + tillagningstid: 25 minuter | Måltider: 2

Ingredienser

1 pund svansräka
8 uns pastanudlar, kokta och avrunna
1 tsk risvin
1 tsk currypulver
1 matsked sojasås
1 salladslök, skivad
2 matskedar vegetabilisk olja

Instruktion

Förbered en bain-marie och ställ i vakuum. Ställ in på 149 F. Placera räkor i en vakuumförslutbar påse. Släpp ut luften genom att tränga undan vattnet, förslut och doppa påsen i ett vattenbad. Koka i 15 minuter.

Hetta upp oljan i en stekpanna på medelvärme och tillsätt risvin, curry och soja. Blanda väl och blanda ihop pastan. När timern stannar tar du bort räkorna och lägger dem i pastablandningen. Garnera med salladslök.

Läcker krämig marmorerad torsk

Beredningstid + tillagningstid: 40 minuter | Måltider: 6

Ingredienser

<u>För torsken</u>

6 torskfiléer

Salt att smaka

1 matsked olivolja

3 kvistar färsk persilja

<u>Till såsen</u>

1 glas vitt vin

1 kopp halv och halv gräddfil

1 finhackad vitlök

2 msk hackad dill

2 teskedar svartpeppar

Instruktion

Förbered en bain-marie och ställ i vakuum. Ställ in på 148F.

Lägg de saltade torskfiléerna i vakuumpåsar. Tillsätt olivoljan och persiljan. Släpp ut luften genom att tränga undan vattnet, förslut och doppa påsen i ett vattenbad. Koka i 30 minuter.

Värm pannan på medelvärme, tillsätt vin, lök, svartpeppar och koka tills det är mjukt. Rör halv och halv gräddfil tills den tjocknat. När timern stannar, lägg upp fisken på tallrikar och ringla över sås.

Kruka med laxrilletter

Förberedelsetid + tillagningstid: 2h30 | Måltider: 2

Ingredienser

½ kg skinnfria laxfiléer
1 tsk havssalt
6 matskedar smör
1 lök, hackad
1 vitlöksklyfta, hackad
1 matsked citronsaft

Instruktion

Förbered en bain-marie och ställ i vakuum. Ställ in på 130 F. Lägg laxen, osaltat smör, havssalt, vitlöksklyftor, lök och citronsaft i en återförslutningsbar påse. Släpp ut luften genom att tränga undan vattnet, förslut och doppa påsen i ett vattenbad. Koka i 20 minuter.

När timern stannar, ta bort laxen och lägg den i 8 små skålar. Smaka av med matlagningsjuicerna. Kyl i kylen i 2 timmar. Servera med skivor rostat bröd.

Salvialax med kokospotatismos

Förberedelsetid + tillagningstid: 1h30 | Måltider: 2

Ingredienser

2 laxfiléer med skinn
2 matskedar olivolja
2 kvistar salvia
4 vitlöksklyftor
3 potatisar, skalade och skivade
¼ kopp kokosmjölk
1 gäng mangold
1 msk riven ingefära
1 matsked sojasås
Havssalt efter smak

Instruktion

Förbered en bain-marie och ställ i vakuum. Ställ in på 122 F. Lägg laxen, salvian, vitlöken och olivoljan i en lufttät påse. Släpp ut luften genom att tränga undan vattnet, förslut och doppa påsen i ett vattenbad. Koka i 1 timme.

Värm ugnen till 375 F. Pensla potatisen med olja och grädda i 45 minuter. Lägg över potatisen i en mixer och tillsätt kokosmjölken. Krydda med salt och peppar. Mixa i 3 minuter tills det är slätt.

Hetta upp olivoljan i en panna på medelvärme och bryn ingefära, mangold och soja.

När timern stannar, ta bort laxen och överför den till den varma pannan. Stek i 2 minuter. Lägg över på en tallrik, toppa med potatismos och strö över kol.

Bläckfisk skål med dill

Beredningstid + tillagningstid: 60 minuter | Måltider: 4

Ingredienser

1 pund bläckfisk
1 matsked olivolja
1 msk färskpressad citronsaft
Salt och svartpeppar efter smak
1 matsked dill

Instruktion

Förbered en bain-marie och ställ i vakuum. Ställ in på 134 F. Placera bläckfisken i en vakuumförseglad påse. Släpp ut luften genom att tränga undan vattnet, förslut och doppa påsen i ett vattenbad. Koka i 50 minuter. När timern stannar, ta ut bläckfisken och torka den torr. Blanda bläckfisken med lite olivolja och citronsaft. Krydda med salt, peppar och dill.

Salt lax med hollandaisesås

Förberedelsetid + tillagningstid: 1h50 | Måltider: 4

jagIngredienser

4 laxfiléer

Salt att smaka

<u>Hollandaisesås</u>

4 matskedar smör

1 gul

1 tsk citronsaft

1 tsk vatten

½ schalottenlök, tärnad

En nypa paprika

Instruktion

Salta laxen. Låt svalna i 30 minuter. Förbered en bain-marie och ställ i vakuum. Ställ in på 148 F. Lägg alla såsingredienser i en vakuumförseglad påse. Släpp ut luften genom att tränga undan vattnet, förslut och doppa påsen i ett vattenbad. Koka i 45 minuter.

Ta bort påsen när timern stannar. Lägg åtsidan. Sänk sous videtemperaturen till 120 F och lägg laxen i en vakuumförslutbar påse. Släpp ut luften genom att tränga undan vattnet, förslut och doppa påsen i ett vattenbad. Koka i 30 minuter. Överför såsen till en mixer och mixa tills den är ljusgul. När timern stannar tar du bort laxen och torkar den. Servera översållad med sås.

Läcker citron basilika lax

Beredningstid + tillagningstid: 35 minuter | Måltider: 4

Ingredienser

2 pund lax

2 matskedar olivolja

1 msk hackad basilika

Skalet av 1 citron

Saften av 1 citron

¼ tesked vitlökspulver

Havssalt och svartpeppar efter smak

Instruktion

Förbered en bain-marie och ställ i vakuum. Ställ in på 115 F. Lägg laxen i en vakuumförslutbar påse. Släpp ut luften genom att tränga undan vattnet, förslut och doppa påsen i ett vattenbad. Koka i 30 minuter.

Blanda under tiden peppar, salt, basilika, citronsaft och vitlökspulver i en skål tills det är emulgerat. När timern stannar tar du bort laxen och lägger den på en tallrik. Spara matlagningsjuicerna. Hetta upp olivoljan i en panna och bryn vitlökskivorna. Spara vitlöken. Tillsätt laxen i pannan och stek i 3 minuter tills den är gyllenbrun. Täck över och arrangera vitlökskivorna.

www.ingramcontent.com/pod-product-compliance
Lightning Source LLC
Chambersburg PA
CBHW071908110526
44591CB00011B/1602